陕西出版资金资助项目

中国现代出版家论著丛书

主编 郝振省

我一游记

庄俞 著

西北大学出版社

作者简介

庄俞（1876—1938），中国近代出版家、教育家。名亦望，字百俞，又字我一，别号梦枚楼主。江苏武进人。早年与人创设体育会、演说会、天足会、私塾改良会、藏书阅报社等，开展社会教育活动。24岁时受聘为武阳公学教习，旋入商务印书馆为编译员，曾任商务印书馆国文部主任，创办冠英学堂、幼幼女学，以期开启民智，历任中华职业教育社、江苏教育会等要职。

　　庄俞以编写多种国文教材课本而闻名，躬身教育事业，推动新式基础教育的发展，同时使得编写教科书成为有源之水，从而成为历久不衰的经典。先后参加编写《最新教科书》《简明教科书》《共和国新教科书》《单级教科书》《实用教科书》《新法教科书》《新学制教科书》等多种课本。1913年后与黄炎培等提倡实用主义教育，发表《采用实用主义》等论文，在教育界引起较大反响。

　　著有《我一游记》《应用联语杂编》等。

编辑说明

　　庄俞是中国现代出版家、教育家，《我一游记》是他1935年在商务印书馆出版的一本记述自己多年游历祖国各地的游记汇集。

　　清末民初之际，国势衰弱，民生凋敝。作为一名有识见的知识分子，奔走四方，积极呼吁改革，先从教育做起。这本游记集，通过对神州名山大川和名胜古迹的详细描述，介绍了历史事件、人物故实、地形地貌等，抒写了对故土家园的挚爱之情，对现实生活的褒贬感慨。

　　这次整理重版，改原版竖排繁体字为横排简体字，改正了异体字、俗体字等，核改了一些错讹文字，依现今规范添加了文中大量引诗的篇名书名号，题记、碑刻的引号以别记述文字等，以方便今天读者的阅读。

总　序

　　"中国现代出版家论著丛书"，选集张元济等中国现代出版拓荒者14人之代表性作品19部，展示他们为中国现代出版奠基所作出的拓荒性成就和贡献。这套书由策划到编辑出版已有近六个年头了，遴选搜寻作品颇费周折，繁简转化及符合现今阅读习惯之编辑加工亦费时较多。经过多方努力，现在终于要问世了，作为该书的主编，我确实有责任用心地写几句话，对作者、编者和读者有个交代。尽管自己在这个领域里并不是特别有话语权。

　　首先想要交代的是这套选集编辑出版的背景是什么，必要性在哪里？很可能不少读者朋友，看到这些论著者的名字：张元济、王云五、陆费逵、钱君匋、邹韬奋、叶圣陶等会产生一种错觉：是不是又在"炒冷饭"，又在"朝三暮四"或者"朝四暮三"？如此而然，对作者则是一种失敬，对读者则完全是一种损失，就会让笔者为编者感到羞愧。而事情恰恰相反，西北大学出版社的同仁们用心是良苦的，选编的角度是精准的，是很注意"供给侧改革"的。就实际生活而言，对待任何事物，怕的就是"一叶障目，不见泰山"，怕的就是浮光掠影，道听途说；怕的就是想当然，而不尽然。对待出版物亦是这样，更是这样。确实不少整理性出版物、资料性出版物，属于少投入、多产出的克隆性出版；属于既保险、又赚线的懒人哲学？而这套论著确有它独到的价值。论著者不是那种"两耳不闻窗外事，闭门只读圣贤书"的出版家，而是关注中华民族命运，焦急民族发展困境的一批进步知识分子。他们面对着国家的积贫积弱，民众的一盘散沙，生活的饥寒交迫，列强的大举入侵，和"道德人心"的传统文化与知识体系不能拯救中国的危局，在西学东渐，重塑知识体系的过程中，固守着民族优秀文化的品格，秉承"为国难而牺牲，为文化而奋斗"的使命，整理国故，传承经典，评介新知，昌明教育，开启民智，发表了一系列的论著，为我们国家和民族的现代出版文化事业进行了拓荒性奠基。如果再往历史的深层追溯，不难看出，他们身上所体现的代表中国传统知识分子心胸与志向的使命追求，正如北宋思想家张载所倡言的："为天地立心，为生民立命，为往圣继绝学，为万世开太平"。我们为中华民族这些前仆后继、生生不息的思想家们肃然起敬。以张元济等为代表的民国进步出版家们，作为现代出版文化的拓荒奠基者，其实就是一批忧国忧民的思想大家、文化大家。挖掘、整理、选萃他们的出版文化思想，其实就是我们今天继承和弘扬优秀传统文化的必然之举，也是为新时代实现古今会通、中西结合的创造性转化与创新性发展提供借鉴的必须之举。

不仅如此，这套论著丛书的出版价值还在于作者是民国时期我们这个国家和民族最有代表性的一个文化群体，一批立足于出版的文化大家和思想大家；14位民国出版家的19部作品中，有相当部分未曾出版，具有重要的填补史料空白的性质,对于这个领域的研究者、耕耘者都是一笔十分重要的文化财富之集聚。通过对拓荒和奠基了中国现代出版事业的这些出版家部分重要作品的刊布,让我们了解这些出版家所特有的文化理念、文化视野、人文情怀,反思现在出版人对经济效益的过度追求,而忘记出版人的文化使命与精神追求等等现象。

之所以愿意出任该套论著丛书的主编还有一层考虑在里面。这些现代出版事业拓荒奠基的出版家们,其实也是一批彪炳于史册的编辑名家与编辑大家。他们几乎都有编辑方面的极深造诣与杰出成就。作为中国编辑学会的会长,也特别想从中寻觅和探究一位伟大的编辑家,他的作派应该是怎样的一种风格。张元济先生的《校史随笔》其实就是他编辑史学图书的原态轨迹;王云五的《新目录学的一角落》其实就是编辑工作的一方面集大成之结果;邹韬奋的《经历》中,就包含着他从事编辑工作的心血智慧;张静庐的《在出版界二十年》也不乏他的编辑职业之体验;陆费逵的《教育文存》、章锡琛的《<文史通义>选注》、周振甫的《诗词例话》等都有着他们作为一代编辑家的风采与灼见;赵家璧的三部论著中有两部干脆就是讲编辑故事的,一部是《编辑忆旧》,一部是《编辑生涯忆鲁迅》,其实鲁迅也是一位伟大的编辑家。只要你能认真地读进去,你就会发现一位职业编辑做到极致就会成为一位学者或名家,进而成为大思想家、大文化家,编辑最有条件成为思想家、文化家。“近水楼台先得月,就看识月不识月”。我们的编辑同仁难道不应该从中得到启发吗?难道我们不应该为自己编辑职业的神圣性而感到由衷的自豪与骄傲吗?

这套丛书真正读进去的话,容易使人联想到正是这一批民国时期我国现代出版事业的拓荒者和奠基者,现代出版文化的开创者与建树者，为西学东渐，为文明传承，作出了巨大的历史性贡献。他们昌明教育、开启民智的出版努力，他们所举办的现代书、报、刊社及其载体实际上成为马克思主义向中国传输的重要通道，成为中西文化发展交融的重要枢纽，成为当时的中国先进知识分子寻求和探究救国、救民真理的重要精神园地。甚至现代出版事业的快速发展与现代出版文化的初步形成，乃是中国共产党成立、诞生的重要思想文化渊源。一些早期共产党人就是在他们旗下的出版企业担任编辑出版工作的，有的还是他们所在出版单位的作者或签约作者。更多的早期共产党人正是受到他们的感染和影响，出书、办报、办刊而走上职业革命道路的。从这个意义上讲，我们对民国出版家及其拓荒性论著的价值的重视还很不够。而这套论著丛书恰恰可以对这个问题有所补救，我们为什么不认真一读呢？

是为序。

郝振省

2018.3.20

弁 言

"我一"，我之别字也。《我一游记》，即我一在旅行中所作之游记、诗，其他不涉也。当予少时，学八股试帖。不成，改学散文及近体诗。垂老又不成。以性好游，每岁春秋必呼朋邀侣，一至山水胜地。登山必达巅，遇水必买渡，所至流连。久客沪，故星期常作近地游，朝出而夕返。京沪、沪杭甬两路稍有风景可言之站，皆有予之足迹。外省则七入正阳门，远登八达岭，御风于万里长城。三上泰山绝顶，三谒孔子林庙。品泉于玉泉、晋祠、虎跑、中泠、惠泉，入温泉浴于汤山、东葛、箱根。观瀑于三叠、马尾、黑龙潭及日本。食鲜鲥于富春江。西湖则管领三十余次而未厌也。以终年闭户工作之人，偶得遨游，不啻出笼之鸟，自由自乐。以所闻见，写为诗或游记。固自知其诗不类诗，文不类文，然友人见之，辄攫登月报杂志，弥觉汗颜。日积月累，可以成册。顾二十余年间，游而未作诗与记者，实居大多数。或有记无诗，或有诗无记，或既有记又有诗，或一地而不仅一记一诗。盖有兴感，则抒性写情，遂成文字，尚非无病而呻。况我之作也，只求意明词达，不拘形式格律，甚至失调失韵。俚词俚句，皆所不顾。要以不撒诳，不泥古，不重考据，不务曲奥以自律。倘有以作风如何，派别如何议我者，将愧煞我矣。夫出游，至有益于身心学问之事也。以前交通未畅，机关未备，费时间，损金钱，旅行苦之。时移势易，路政修明，且有旅行社旅行团招待所等之组织。我以老而病，不复能游，深愿同志勿失之交臂。语云：百闻不如一见。欲广知识，拓思想，舒精神，练筋骨，实地考察，采集标本，唯出游是赖。由是而诗料得，文思新。故足不出户，可以终岁无一诗一文。出游则随处感兴，且易优胜。此《我一游记》之所由成也。然而风云变幻，陵谷变迁。人力建筑，更有朝不保夕之虑。往往今日所记，已非昔日之所见；昔日所记，已非今日之所存。则并列之，尤足以资参证。诗与游记固无可以新旧为弃取也。兹编大致以类为归，每类之中，以时代为先后，俾便省览而已。

民国二十四年十二月十二日　庄俞识

目 录

总序 ·························· 郝振省（1）

弁言 ························· 1

焦山北固山记 ············· 1

邓尉山灵岩山记 ··········· 7

天平山记 ················· 15

虎丘记 ··················· 17

虞山记 ··················· 19

阳羡记 ··················· 22

　南京诗　一首 ········· 26

　东葛诗　一首 ········· 27

　徐州诗　三首 ········· 28

　江都诗　六首 ········· 29

西湖记 ··················· 31

　西湖诗　二十七首 ····· 42

　海宁诗　二首 ········· 47

天目山记 ················· 48

　天目山诗　十三首 ····· 57

庐山记 ··· 61

  庐山诗　八首 ································· 69

晋祠记 ··· 72

  太原诗　六首 ································· 79

  开封诗　三首 ································· 81

京华记 ··· 82

太和殿武英殿记 ································· 96

南海中海记 ··· 100

京华续记 ··· 105

旧都新记 ··· 119

戒坛潭柘记 ··· 137

居庸关记 ··· 144

十三陵记 ··· 147

北京听王弦子记 ································· 149

  北京看花记　附诗二首 ············· 151

  岐阳世家文物展览会记　附诗一首 ····· 154

  洪承畴文物展览会记　附诗五首 ····· 156

  河北第一监狱记　附诗二首 ········· 158

济泰记 ··· 161

重游曲阜泰安记 ································· 178

  济南诗　一首 ································· 190

  曲阜诗　八首 ································· 191

  泰山诗　五首 ································· 194

  青岛诗　六首 ································· 196

  探梅诗　十五首 ···························· 198

  东游诗　十六首 ···························· 202

  附　录 ··· 205

五十日之马迹山避暑记 ·················· 207

焦山北固山记

夙闻京口有三名山，曰金，曰焦，曰北固。去岁有朋辈往游归，独绳焦山之胜。谓流连十日，犹不愿遽去，游兴为之勃然。辛亥暮春，以事旋里，偶与佩孚述之。佩孚欣然，既而语之幼蓉、思缄两先生，皆愿结游侣。乃于二十二日下午，附沪宁汽车去镇江，傍晚抵站。乘肩舆至大观楼旅馆。馆临江，风帆往来，历历可数。适葆良先生因公驻此，审余等来意，为预定红船。红船者，救生局所备之救生船也。大江风浪，常为人患。特设此局于焦山，专司救济。局员一，船十数。每船水手五六，皆习水性而善泅水术，故溺者常赖以生。但水患不时有，舟子闲居。官民可役之以奔走游事，游者未尝不可雇他舟。特红船较稳适耳，局例不得取船资。实则事毕必酌给银币两枚，名曰赏钱。而舟子又必加给若干，名曰酒钱。不取则不取，然取之顾如是，胡不订定规则，俾游者有所适从耶？此亦陋习之当革者也。

翌晨卧尚未起，红船已泊江干。九时放棹。日光淡淡，清风习习；山色苍苍，江流汨汨。舟子张帆罢，袖手错坐而嬉语。乘风进行，颇觉安适。佩孚时吟"潮平两岸阔，风正一帆悬"之句，可以想见当时之景况矣。移时，遥望岿然一山，林木葱郁，耸乎中流，常与吾舟作对面观。固不待言而知为焦山者矣。

焦山在镇江丹徒县东大江中，周围不三里，迤逦几及五里，故名谯山。又名樵山。汉末有焦光隐于此，三诏不起。后人重之，遂易焦名。旋以年远，焦又隐士，故其名至今有异说。或谓名先字孝然；或谓名光，与先非一人，隐焦山者实名光。宋祥符六年，有封汉隐士焦光诏。今从之作焦光，不得谓为诬也。但光以不爱名而隐，卒以隐而名，且至今不衰。称焦山者，虽不必人人知以光名，今而后只知有焦山而不知有谯山、樵山，则断然也。是岂光之始料所及者。光而有知，其以为幸欤，则非隐之本旨；以为不幸欤，则非己之所能主。今之士大夫，方戚戚以不得死所为虑。苟得名山而主之，生以安其身，没以妥其灵，欲谓之不幸而不可也。

自江滨至山，舟行约一小时有余。抵麓，泊舟于定慧寺之前。焦山僧寮，号称三十二家，而以定慧寺为之长。规模壮丽，僧侣亦最多。其他率称庵而不称寺，今且衰歇者不一家矣。定慧寺门当大江，寺前有坊，题"汉三诏处士"数字。初入院，甚广。正面为殿，苍松古桧，森列两偏。向左行回廊缭绕，禅房幽深。厅事内有周无专鼎一，汉定陶鼎一，汉碗一，铜鼓一。登枕江阁，亦称退思斋，前后皆楼，有廊四通。前楼三面皆明窗，仰观则孤峰对眠，青苍一色。盖隔江为象山也。俯视则大江东去，银涛倏起倏落，无顷刻闲焉。盖楼建江渚，潮声固绕楼而鸣也。后楼有彭刚直公遗像。刚直统率长江水师时，以此为避暑之所，故手题联额甚繁。尝忆其一联云：彭郎之至自澎浪，焦光而后有椒山（杨忠愍公亦曾驻节于此）。可谓古今人豪，陶冶一炉矣。楼左有小阁，凸居一隅，面江背山，尤饶胜致。茗坐其间，不觉涤荡俗尘几许。僧出示杨文襄公玉带，红锦为质，上缀方寸之玉若干枚。雕镂不见精，有谓为伪品者。又示以《乾隆平定台湾图》，系木版印刷物。图意殊失高雅，而镌刻精细，今殆罕有之矣。僧款留午餐，余等以为时尚早却之。僧不悦，致此间尚有杨忠愍公墨迹，不复出示。余等急欲一观《瘗鹤铭》残石，僧即导之下楼，匆遽间亦未及索观，殊憾事也。

《瘗鹤铭》相传为汉代遗石。旧刻于山麓，江水浸蚀不辍。越年既久，崩裂江中。宋淳熙间尝挽出之，不知何时复落于水。康熙甲午，湘潭陈鹏年侨居京口，募工迁出仅五石。置诸定慧寺西偏，伽蓝殿之旁。凳成碑形，构方亭以贮之。四壁所镌历代名人字画殆遍。有东坡小像，峨冠博带，神致宛然。大抵皆有拓本。僧言《瘗鹤铭》摹拓最难云。按此铭称华阳真逸撰，上皇山樵书。《润洲图经》指为晋王右军羲之笔，苏子美、黄鲁直多以为然。欧阳公以为不类羲之而类颜鲁公。又谓顾况道号华阳山人，然况不称真逸也。《东观余论》疑为梁陶宏景。然宏景自称华阳隐居，亦不称真逸。钱塘吴锡祺则断为唐以前人所书，可无疑也。

出定慧寺左行，经碧山、海门两庵入玉峰庵，小憩庵内。房屋不多，尚清洁可坐。焦山各种碑帖，皆在此发售。大小不下百数十种，而《瘗鹤铭》尤为珍品。精拓常拓，优劣迥别。常拓每张仅值小银币四角，稍精者值大银币一元，最精者则值大银币十元。值十元者，每两字一拓。字之姿势，墨之浓淡，洵美且精。不比较则已，苟与常拓一比较之，莫不欲舍彼取此。惜值之昂，非寒士所能得耳。

玉峰庵对面为松寥阁，风景绝佳。曩尝毁于火。清光绪季年，鸠资重建。左屋三楹，精雅而轩爽。曲栏之外即为大江。贾舶鱼艇，扬帆而过。水鸟三四，时窥帘隙。回眸一瞥，水色眩耀，惊涛直走于履舄间矣。右为楼，亦三楹。几案帐榻咸具，为平时供游客之暂驻。夏日颇有来此避暑者。端方有"佳处留庵"之题额。闻旧有关帝庙亦名"佳处亭"，取东坡为我佳处留茅庵之义。今废，址已不可觅。端方移题于此，殆亦存古之意欤。僧出示王梦楼《快雨堂诗草》手卷，初为端方所藏。以诗意与焦山有关涉，遂藏之阁中。名公巨卿，文人雅士，赓续题名，已历数帙。思缄先生亦题"来游月日"于上。僧且研墨以求书。时已午后二时，遂午餐于此。

由松寥阁而西，经友竹、香林、石壁三庵而至自然庵。廊院曲折，台榭清幽，颇多名人联额。僧出示龙蛋，形椭圆如鹅蛋。然径大约四五寸，外有纹，一端凿小孔。视其内部，暗而有微光。后闻葆良先生谓为鸵鸟子，殆信。壁悬明太祖遗像，深目隆准，口大唇凸，与坊间所传无殊。往岁尝见同乡黄旭初先生摹绘天一阁历代名人遗像，则此为元世祖忽必烈。所谓明太祖貌清腴，美须髯。然闻之葆良先生安徽皇觉寺中石刻太祖像不一，与自然庵所见相同，究不知孰是也。

自然庵之西为海云庵，更西为文殊阁。向之游者，常憩息于此。是日过之，朱扉双扃，遂不入。其旁为防营驻守之所。定慧寺西面之游，尽于此矣。

登岸以后，遍游各地，皆在山麓。折回向东行。过定慧寺门外及枕江阁墙下，拾级而上，经水晶、海西两庵。海西即焦公祠。山僧奉祀焦光于此，有光像，其为后人臆造无疑也。楼屋两进，不甚宏广。然雕镂粉刷，正在施工。使余迟数月至，必焕然悦目。余之感情，或将大异于今日者。见有横额上书"梁节庵先生读书处"。所谓节庵非今日鼎鼎之梁鼎芬星海者乎？此额不知悬诸何所，殆欲与焦处士争美于名山已。

更上为观音崖，过夕阳楼而至大观台。大抵神龛佛阁，无可流连。唯大观台之后，土木方兴，原有楼阁，亦正在修葺。他日若不为神鬼所占，则亦一佳境也。舍大观台直走焦隐洞，已至半山。穴深不一丈，构以亭，亦有焦处士像。相传即处士隐居处。徒步至此，微有倦意。清风时送，水声不绝。洞中有椅，借以稍憩。自此更上，阶齿整齐。遥望之不知其高几许也。佩孚止于此，余等三人复登之。历二百余级，是为焦仙岭。右望大江，曲成三角口。岭上置一炮台，巨炮三尊。炮身颇明洁，围以木栅。是殆军士平日演习之所，有一兵率二犬守之。余辈行其前，犬猖猖不已。兵则坐栅旁，精神困顿，叱犬勿吠嘻。吾固知兵之叱犬，恐犬之惊客也。然犬固实行防守之责，绝无倦容，实愈于兵也。更行百余步，即至吸江亭，或谓以对于金山之吞海亭而名，即镇寺塔之旧址。塔废，建亭，旧称四面佛亭者即此。缘梯而上，材木多腐朽，风盛则吱吱作响，深望有起而修理之者。既登，推窗四顾：圖山峙于左，北固耸于前，长江形势宛然在目，盖踞山之绝顶矣。亟下山，佩孚独坐焦隐洞以待。相将登舟，复顺道为北固游。

北固山在丹徒县北一里，归舟至中途，见有石壁耸江滨。其上楼阁错峙，若有幽居深院在者，即北固也。上岸处阶级少修整，绕行僻径方得登山。有石级不甚高，迎面一铁质废塔。曩读平江李元度游记，谓其高十余丈。今则存者仅两级。由此上行，长廊而斜坡不啻数百步。廊壁镌"天下第一江山"六字，大可五六尺，姿态雄劲，洵不易得。明延陵吴琚笔也。上有门，意欲叩之入，仰见一额题"弹指不劳"四字。则其虽设常关，可恍然矣。乃下由廊之中部折而右行，经旧行宫门外至甘露寺。寺建于吴赤乌年间，前清半毁于寇，彭刚直公修建之。正门亦严扃，自侧门进，幽暗中审一佛殿。殿旁厅事，可以休憩。更入则曲栏小轩，明窗净几，皆具胜致。登江声阁，俯瞰大江如长虹匹练。金焦两山，左右竞耸，而浓淡迥殊。余凭栏久之，审夫北固之地势：如卧虎之盘踞江上，遥与金焦相犄角。内足以固京口，外足以蔽江南。宜乎三国以还，指为重镇。今若以觞咏之场目之，缅想米苏之风韵，载酒赋诗，消遣俗虑，则失之地利也矣。下楼复左行，徘徊于彭刚直公诸祠之前。祠皆面江，有二三小院，杂植花草甚盛。时则江潮大起，夕阳送人，游兴亦告尽矣。惜乎金山近在咫尺间而不及一登临也。

邓尉山灵岩山记

　　吴中盛称邓尉之梅，文人雅士莫不求一日闲，登山观赏。俗冗如我，亦梦想十年矣，屡约屡辍。吴君和士有旧约之一也，复倡议，遂定丙辰正月十日往。雇定陈万财舟，三日价八元八角。整旅具，招旅伴，得王采南、马伯龙、戴劫哉、沈朵山及和士介弟悌成与余凡七人。王君为省立第二农校教员，去岁曾率学生作修学旅行。马君则常往来于木渎、光福间，谙悉兹山情事。故此游得两君益不鲜。先一夕，集于阊门外惠中旅馆。十一日时晨八时，在太子码头登舟。行至胥门外，悉老公茂轮船局有专开木渎之小轮，若附之行，可减少时间。小轮往来胥门、木渎日凡四次。午前九时及午后一时自木渎开，午前十一时午后四时自胥门开。乃茗坐万象春茶楼待之，十一时起轮。马君与局中人素相识，往来拖费仅四元。午后一时抵木渎。胥门至此号称三十六里，复棹浆前进九里至塘湾，又九里至善人桥，又十八里至光福。合计之为七十二里，实则六十里不足。如遇逆风，民船竭一日之力或不能达光福，即达光福亦须晚间。余等以小轮拖带，故午后六时即至光福镇，泊舟于光福塔下。晚餐后，登岸步月于山麓。夜色苍茫中，名山如阜，古树如人。四顾萧然，万籁俱寂，为之心旷神怡者久之。

十二日晨八时半，马君在镇雇七舆陆续而至。每乘洋一元，唯体胖者加舆夫一。九时登山，由街口过丰乐亭，先至司徒庙，约三里。庙门颜"柏因社"三字，其后则为"第一香林"四字。入内屋三间，中有额曰"古柏山房"。老衲导之右入一小院，围以碧色铁栏。世所传清奇古怪四柏在焉，老衲一一指而名之。所谓清者，孤干挺拔，群枝四垂。所谓奇者，干高数丈，其预分二枝左右竞秀。所谓古者，其干自下达巅，外皮俱作螺旋形，微有光泽；顶已孤秃，奇枝四出。所谓怪者，其干横陷土中，向左右挺生；大小屈曲，无一直干，叶参参四出，名实颇相称。唯是院凡五六柏，小者固不足并论。其一在怪柏之后者亦具怪形，何独无名，岂与怪柏同根而歧出者欤？抑柏之得名，亦有幸有不幸欤？抚览一周，退茗于奎星阁下，见一案作梅花形，绘漆精致。老衲言：此为清康熙乾隆幸香雪海时特制之以为御案，后移置于此者。出司徒庙不百步，登吾家山即香雪海。志称"马驾山"，"吾家"乃俗名。山不甚高，前面多梅花。清康熙中巡抚宋荦题"香雪海"三字于崖壁，其名遂著。今则亭台遗址，湮没蔓草间。可寻觅者为剧坛，俗称戏台基，阶级犹存，为梅花亭已圮。亭之形及其柱石俱作梅瓣状。御碑一方亦横卧于地。但登高四顾：则太湖前潴，一碧迷茫。邓尉诸山，宛似列屏。潭山、虎山分峙左右，可以指数。山麓平畴万顷，沟渎纵横。农夫耦耕，其小如豆。俯视则梅树错落，一片白色荡漾于履舄之下。此香雪海之所以名也。而马君为言，今日花最盛处，已不在香雪海而在万峰台。乡之人以植梅之利不敌种桑，故有去梅易桑者，梅花不复补种者。盖梅树越五十年即枯也。

下山循大路至天井上（吴人读若浪），盛产红绿梅，尤多盆栽，每盆售价五角至一元不等。白梅亦盛。山中女子升梯采红梅，胸悬笆斗承之。问之将售于药肆及茶肆，每斤可得洋两三角。白梅则不采，以其能实也。

自天井上沿太湖西岸行，经蟠螭山俗呼南山，过大王庙约五六里至石壁。而舆人称为十二里。石壁者，蟠螭之绝顶也，有石壁四周大可数亩，颇奇峭，后人傍之筑石壁精舍，实为永慧寺。然言者但称石壁，罕有称永慧寺者。入门有望湖台，积土石为之，太湖全然在目。正面为殿三间，题曰"东湖精舍"。右入石壁斸，小屋数椽，三面皆向石壁，壁下遍植翠竹。若得居此，四时萧然，岂复有尘俗想哉。后为大雄宝殿三间，左右各有客室。右室亦临石壁，唯不逮左面之崭截如削耳。

出石壁，循蟠螭山原道南行经城隍庙，万木丛中时有梅花迎面，嫣然作笑。而山色湖光，莫不具有天趣。登弹山，是山横亘五六里。山南石楼名万峰台，亦一古刹，有殿三间。旁为小祇园，亦三间，门侧有泉，扃不可入。赵寒山题"石楼"二字颇佳，并镌诗一绝于石。门外有峰，乱石错峙，位置极高，万峰台即指此。俯瞰四山，无处无梅。前至之天井上即在其下。故他处观梅只白色，此处则红绿白三者俱备。信乎香雪海之名，当移赠于此。余得句云："十里烟云一湖水，四山香雪万梅花。"可以想见其胜景矣。

由石楼而下西南行，循潭山之麓折东北经骑龙山，越长岐岭。岭峻而滑，舆夫迤逦而上，喘声大作。既达岭，当出舆徒步而行，以皮履践于峻滑之石，惴惴唯恐失足。越长岐岭至元墓山约二三里，皆为平地。两山之间，良田片片，绿树葱茏，不啻桃源也。志称元墓山在邓尉山东南六里，实则邓尉与元墓本为一山。相传汉时有邓尉隐居于此，亦名光福山，以地名光福里也。东晋时青州刺史郁泰玄葬此，因有玄墓之名，以避御讳，易玄为元。今之人但知元墓而不知元之为玄矣。夫邓、郁二人与此山俱有缘。郁以墓故，游者必一瞻仰。邓则杳无遗物可以佐证。山则为一，名则并存，邓之幸欤，郁之幸欤。然何以不称郁墓而取玄字，异矣。山有天寿圣恩寺，明初为万峰和尚道场，故又称万峰山或万峰禅院，今则概称玄墓寺。昔袁褧游记有云：元墓面湖而险奥，丹崖翠阁，望之如屏。背邓尉而来，法华障其前，铜井、青芝迤逦其右，游龙界其左。绝顶一登，则洞庭诸山悉陷伏于湖。而湖光混茫，荡为一色云云，洵得之矣。

天寿圣恩寺在邓尉山主峰，门前梅花繁茂，山门三间，大雄宝殿五间。自殿侧右入至万峰精舍，其上为还元阁。面临太湖，左望铜井，风景极胜。中悬康熙时商丘宋荦题诗及吴大庭桐云题诗，右悬沈德潜归愚题诗，左悬番禺庄有恭题诗。壁悬崔荫阶题诗，均木版，镌刻工致，陈设不俗。松樵和尚出示寺中宝藏三品。一为郏公轻鼎，并拓本。鼎作扁圆形，四面有柱，凡十二列。每列三柱，长约寸许。一面为篆文。拓本题咏甚多。是鼎被劣僧售去，咸丰庚申为李氏所得，潘祖荫特赎还之。一为觉阿诗意手卷。觉阿为本寺主持，能吟咏。光绪时其徒诺瞿为作一蒲团外万梅花图，裱成小册，颇得名人题咏。

由还元阁后入至法堂五间，柱皆楠木。再入为佛殿三间，龛前砖上有双足痕，左深右浅。松樵为言：昔有老衲，终日在此礼佛，遗迹如是。左行至一榭，正对太湖，有御题

"松风水月"，更上至玄墓，碑题"晋青州刺史郁泰玄墓"数字，其旁则真假山在焉。山石嶙峋，下有洞。一松穿石隙而上，临霄婆娑，别具风致。俗以此石构成类似人造花园之假山石，而此实出于天成，故名为真假山石。圣恩寺向极饶富，房屋千数百间，今不逮远矣。僧人四十余。住持松樵名圆通，善酬应。素餐可口，且有客室可以寄居，余等果腹于此。游侣七人，舆夫十七人，共给膳费六元，另给香火一元。下山归舟，方四时半耳。即解缆，行至善人桥泊焉。

十三日黎明启行，余等正在酣梦中。七时半已抵木渎，泊舟垂阴亭前。早餐既毕，登岸游灵岩山。山在吴县西三十里，高三百六十丈，一名砚石山。山连嶕村，产石可为砚，故名。《吴越春秋》：阖闾城西有山号砚石，上有馆娃宫，又名石城山。《越绝书》：砚石山有石城，去姑苏山十里。《寰宇记》引《郡国志》：石城山有吴王离宫，越献西施于此，故山上多吴越古迹。旧称十八景，今犹可见者凡十景。即西施洞、石鼍、吴王井、琴台、玩花池、来香径、画船峣、石城、石鼓是也。然古书所称石城为灵岩一支阜之名，游者必求所谓石城遗址，误矣。或竟指山上石壁以当之，益误矣。

登山后，马君伯龙为言：闻山麓有韩蕲王祠墓，不知在何处。余与王君采南俱言盍往觅之。历经数墓，皆非也。遥见有石高耸宛似华表，咸以为此目的地。向之前行，渐近为一崇碑，知必韩墓，否则无此巨大之碑也。抵其下，读其文，信然。碑高六丈，阔一丈二尺，实高三丈六尺，阔七尺二寸。碑端题"中兴佐命定国元勋之碑"八大字[1]，为孝宗御

---

[1] 八大字：此处笔误，应为10字。

笔。遍觅墓址不可得，而碑之前甬道完整，则系清代韩封官苏时所修。既而寻其祠又不得。将登山，遥见屋宇数楹，姑往视之，则为宝藏庵。入门，一僧外出，一老妇迎客。询其韩祠，即在间壁。院中红梅两大株，花甚盛，无意得之。是为邓游余兴。壁间有碑，知庵建于明初。及清代属之毕氏，道光时潘曾炘赎回。觅僧居之，借以管理韩祠。老妇取钥匙启左门入。韩祠屋三间，为道光十三年所重建。有塑像，冕旒而红袍。陈銮有联云："高冢卧麒麟，回首感六朝风雨；神弦弹霹雳，归魂思一曲沧浪。"其他碑记甚多。向在西湖谒岳墓，固不知韩墓即在吾苏，今并得之。思古幽情，弥增惆怅。既出见祠门题"韩蕲王飨堂"数字。门之正中有一井，则不知何意矣。山麓有蒋园遗址，即毕秋帆之读书处，旧称毕园，后归虞山蒋氏。墙圮石覆，荒废太甚，唯有九曲桥犹宛在水中耳。

登山有御道，清康熙乾隆两次临行。自苏州胥门治道经灵岩，直达邓尉。而灵岩则自下及岭尚完整，曲折而上。太湖在前，尧封山、七子山等环列，而洞庭七十二峰分峙于苍茫烟水中。斜坡山石齿齿，咸作苍黑色。林木繁盛，不啻泰山洗鹤湾风景。山巅有灵岩禅院。正殿塑如来三尊，颇具庄严宝相。寺内房屋不多，殿宇及客堂咸备，即馆娃宫旧址也。由寺侧至殿后有灵岩塔，已圮，不可登。塔前石壁耸起，为灵芝石。相传响屧廊（亦曰鸣屧廊）遗址，即在塔下。吾未之见，其已为蔓草所湮可知也。复由寺前向右行见一方池，当即玩花池。其前有二井。圆形者为吴王井，水藻平铺；八角者为智积禅师井。水甚清，绝无水藻而有鱼。《吴志》：山上有池，旱亦不涸。中有莼甚美。今虽无莼，而水能不涸，则可信也。然《府志》称池有三：砚池，玩花池，月池。或云上方池、金莲池、砚池。又云砚池即玩花池。而余所见仅一池二井，岂昔人视井为池欤。井之南为涵空阁，尚有旧址可寻。其西有倾圮之石墙，石皆凿成冰梅纹凑合而成，想是馆娃宫旧壁。更西登绝顶为琴台山。石错落当为斯山之结穴，后人就山石凿阶级，地极局促。登其巅俯瞰太湖及洞庭，两山滴翠丛碧，如在白银世界中。所谓来香径，则青苍一线，其直如矢注于太湖。而佛日岩即在足下，松杉罗障，涛声似雷。予身立琴台之巅，觉天地为之一宽焉。石面镌"琴台"二字。自琴台西南下至佛日岩，正对太湖。峭拔石壁镌三巨字甚佳。东行为百步街，即登山大道。山石作龟形罗汉形鼓形者不一。半山有歧路可至西施洞，《图经续记》谓为吴王囚范蠡处，然以西施名者何也。崖畔有石作鼋形，文士谓之石鼋。而俗称为乌龟望太湖，以其首翘然面湖而起也。道旁有方形之台，俗称梳妆台。砖砌数层，决不适于梳妆。后世竟诬称西施梳妆于此，亦谬甚矣。下山回望，则其东南隅有石高耸如立人，俗称"望夫石"，又称"痴汉等老婆"。何雅俗之不伦，而意义之相反若是。余见《府志》所附灵岩山图则作寿星石，当矣。既下山，循山塘行，道路修洁，屋宇整齐，水陆巡警咸备，可见木渎之繁盛，不下于城市。过严氏花园，马君导入，楼台亭榭，备极曲折。惜尘埃满积，久无居人。见联语题志，知是园旧属钱氏，后归严氏。而名之谓"羡园"，分东西二部。东园占地不及西园之宽广，西园尤以环山草堂为最胜。堂临池，池之四周假山崇叠，花木幽深。炎夏至此可避却溽暑不少也。出园至轮埠，登舟。一时许小轮至，拖回胥门。马王两君别去。至阊门已五时，即乘人力车直赴沪宁车站，附特别快车回沪。吁，向之欲游邓尉者，莫不以交通不便为虑。今始知交通不可为便，亦不可为不便。苟自苏州胥门附小轮，午后一时即至木渎，易小舟直往光福，五时可达。如附镗铛船尤速，即至光福，可泊舟于费家河头，即唤山舆登山，迳至元墓寺不过四里。当晚可宿寺中。所以泊舟费家河头者，因至元墓寺较近故也。如是则免雇民船，且省旅具。或邮信致松樵和尚，嘱伊某日雇山舆在某处迎接，然则交通岂不便哉。抑更有言者，邓尉土厚而石少，故全山花树果树杂树殆遍。于春可以观梅。于夏则枇杷盛实，全山作黄金色。以旧历五月往，亦甚可观。于秋则桂花开时，徜徉其间无异堕入木犀香里。敬告后之游者，固不必限于春秋也。此行得诗一首，附录于此，以志鸿雪。"西出阊胥一日程，十年梦想此成行。休辜灵境邻尘市，难得初春正放晴。山月若来迎俗客，梅花无恙足移情。同游未必饶清福，不则长留事耦耕。"

现在苏州已有公路直达木渎，汽车往来甚速。游邓尉天平诸山者，较便于前不啻十百倍矣。民国二十四年十一月十日注。

天平山记

　　己酉暮春既望，与蒋子竹庄、严子练如附沪宁汽车至姑苏。翌晨雇小舟游天平山。山在吴中为诸岭冠，俗称范坟山。非上流社会人，鲜知天平之名。自阊门至山约十五里余，两小时可达。舟泊西新桥畔，作午时餐。岸旁山舆罗列，每乘索值二元。有答以六角者，不应。乃短衣张盖，迎山而进。舆夫群尾于后，减至八角。乃各乘其一，以二杠舁竹椅，绝无围障。舆夫步甚速，殆山民之惯于此业者。径曲折，绿林缛茂，绕路如屏。既而抵一高岭，徒步以登，类皆俯体如挽车者然，未及岭而足已疲。岭上建一休憩亭。两旁陈石条，可容十人坐。日光不入，风习习开我襟。遥望狮子山，宛如巨狮侧卧，首向前，尾蹲足下。吴谚有云：狮子回头望虎丘。审之信然。越岭而下，四围山容黝而峭，石笋森森，不知几十百千迎面耸立，中镌"万笏朝天"四大字。味其意义，可以想见斯山之形态矣。山下有高义园，为屋三进，随山而高。园后辟小门，有阍者，纳微资始启。既入，无五十步不折，所遇多奇景，而以鹦鹉石为最。石上题字不一，惜难忆记。旋驻钵盂亭，小榭三四，皆具幽邃之致。老僧灏芝指庭中泉曰：此即白云泉。僧辈煮泉饮来宾，咸称清醇。乃令勺一杯分尝之，其言诚不虚。壁上所题泉名二三处，以"吴中第一泉"五字为尤大。出亭西行，道两峭壁间，狭仅容身，石级削而滑，及半益崚嶒。攀石隙以代杖，始出，俗呼之为"一线天"。升不数百步，即为中白云峰。败宇数楹，一盲僧导客入。后院石室颇深，是为白云洞。傍洞构小亭，远望太湖，渺如匹练。同人志在登高，乃盘旋而上，直达上白云峰。有古屋一小间，弥勒佛蹲坐其中，作无量欢喜状。右为一石屋，大可居百人。俯视其地，有薪火遗灰。仰视其顶，则悬绳垂钩，历历可指。噫，是岂可以居人乎。苟其有之，则莫审为何等人矣。其旁复有小石屋一，则荒草蔓蔽口外，未探其奥。由此更上，一峰矗立，僧言其壁有"云藏"二字，为某将军所镌。余等在山下约略见之，及此转不可觅，而四顾无径可复登，殆已身临绝顶矣。遂回钵盂亭茗谈片时，相将下山，谒范坟，万松茂密间，孤碑危然，读之，乃范文正公之祖墓。曩者未履其地，以为即文正公之葬所，今始恍然。墓旁为范氏祠，莲池绕于门外，有桥曲曲架池上。盛夏来游，清畅可预知也。余意欲再游观音山，或谓是山为一香火庙宇，殊无足观。乃回西新桥登舟，及阊门已明灯满市矣。

虎丘记

　　三吴多佳山水，而吾郡城右近，无一丘一壑、一池一沼可以游目骋怀。余性好游，少时闻乡大夫买棹去虎丘，心辄怦怦动。及归，道其胜历历如数，益梦想而神往之。比年倥偬鲜暇日，今春竹庄、练如相约往游。以二月三日之晨附沪宁铁路汽车抵苏阊。雇驴往，及山麓望之，高不十丈。春风初动，林木未绿，山巅童童然，游兴为之一沮。道旁一败宇，瓦砾丛积，有六角石栏斜置之。旁峙片石，镌"憨泉"二字。或为余言，井固有浅水，俗疑中有怪。游人过此，辄拾碎石投之，历久遂湮。噫，是诚可怪也矣。自此而上，至拥翠山庄，更入为灵澜精舍。户外有一亭，题曰"问泉"，殆因憨泉而建者。精舍之右构一小阁，是为送春簃。壁间悬石榻横额，备志虎丘诸胜迹。乃进茶使而问之，则或存或亡，或且不知所指，名之不易久留也，固如是哉。自精舍西隅入，有断涧，涧上架石桥，相传有吴王之墓址在焉。桥左一孤塔，围以短墙，圮废不可登。折而东下，为剑池，水清而浅。其旁为二仙亭。亭之壁镌"生公讲台"四字，径大三尺。亭之前一巨石，面平坦，四周驳落多隙痕，是为千夫座。而血湖池在其旁，真娘墓在其外，类皆一览无余。由血湖池前直登正峰，乃虎丘之最高巅，有古寺。由寺后拾级而下，为山后游。过牛马王庙，高下曲折。才行半山，仍至憨泉亭。寻所谓鸳冢，则于丛草间得一阜，高约二尺许，绝无碑碣可审矣。鸣呼，吾之为是游也，积十余年之羡慕，以为必有可观。乃绕山一周，所谓胜迹者：一抔土也，一片石也，一泓水也，一废塔也，一败寺也，一敝庐也，一涸井也，一圮桥也。如方寸面部而耳目口鼻毕具于是，曾何足系游人之管领哉。余喟然谓游侣曰：古今来有名无实之事，大抵人与物多有之。不意山水亦有然者。竹庄曰然。然吾辈无今日游，又焉知其若此。乃亟亟呼驴向阊闾而去。

民国十二年秋重游于此，则已大加修葺。新建冷香阁，可以茗坐。近且有陈去病先生公葬于山前矣。民国二十四年十一月十日注。

虞山记

虞山在江苏常熟县西一里。县城跨山为阇，山之半在城外，高一百六十丈，周四十六里有奇。山东有昆城湖，亦称东湖；山西有尚湖，亦称西湖。以故湖山之胜，自古闻于吴下。《越绝书》云：巫咸所居。至今山之东麓有巫咸祠。又以虞仲遁迹于此，故名虞山云。庚戌春暮，余友宋君仲敏、王君湘帆皆虞产也，相约为虞游。越朔二十一日，附沪宁汽车至昆山，更附娄琴公司小汽船至常熟。二君伫岸以待久矣，入城馆于湘帆家。门傍朱鹊桥，临碧水，对虞山，风景翕然，有幽人之胜概焉。翌晨，偕湘帆由虞山西麓行，访读书台，为梁昭明太子之遗址。危然一亭，壁镌太子石像，附碑二三。摩挲久之，殊足动思古之情。其旁为巫咸祠、仓颉祠，而常昭劝学所及高等小学皆在焉。旋至石梅，茗话于虞麓台，此为虞山之东麓。仲敏即偕游小山滩。滩旁一小池，俗称影娥川。曩者琴川原出于此，今已中绝。登言子墓，有坊曰"言子墓道"，更入又有坊曰"东南夫子"。垣墉碑碣，整饬无圮。闻去此不数里，尚有言子故居，未及往观。仲雍墓在其东，有坊曰"南国友恭"。更东为齐女墓，规模均不逮言子墓远甚。下山出北门，憩于孙

氏祠堂。屋三椽，有后轩。临轩小院，纵横数百步。循壁峙假
山石，嶙峋有姿。北面浚小池，方不盈丈。绕池杂植花木，红
紫相间，大可娱情。是时预雇之山舆已集，分乘之。先至兴福
寺。自北门至此约三里余，山路平坦。舆夫信步行，绝无艰
阻色。兴福者，即"破山寺"也。昔常少府建有"曲径通幽
处，禅房花木深"之句，遗址犹宛然可寻。翁松禅相国重书
"通幽"二字于壁，妩媚动人，盖犹少年时笔也。其下有君子
泉，拾级以登，历印心石屋，凡三曲而下，至空心潭。有碑书
常少府全诗于上。其左为廉饮堂。既出，由寺侧向北行，松林
夹道，青翠拂袖。高高下下，曲曲折折，约二里余，始至联珠
洞，外为联珠庵。洞在庵后，深而黝，俯首可以入。惜水渍欲
湿吾屦，舍之登其顶。顶有一孔，泉水自山巅倾注，会为一
脉，向孔下泻，声汩汩无已时。湘帆饬仆携壶来，酌水煮茶，
味清而醇，似与常水异。出寺至三峰，即虞山之第三峰也。入
清凉寺，苍松古柏，拔地参天。其托生在数百年前，可一望而
知之。在寺午餐，见壁间有杨沂孙行书八幅。录七佛偈，苍洁
凝练，殊不多见，洵可宝也。更行三里余，至祖师山，层级而
上，俗称一百廿站。舆夫至此，莫不喘声呼呼然，汗浃盈背。
是盖虞山之最高峰，亦即虞山之主峰矣。峰右望西湖，碧水连
天，茫然不能见涯涘。而湖田万顷，苍苍者盖麦苗也。山巅有
报国寺。寺前为拂水岩。岩有悬瀑，与西湖水上下相激。南风
骤起，飞溅空际，往往高出岩外。此拂水之所以名也。自此左
行，既下复升，层峰峭壁，势甚危峻。双峦间忽豁然擘一隙，
题曰"剑门"，相传为吴王试剑处。其旁有"烟岚高旷"及
"非凡"诸题字。今日初意欲自北山麓而上，越祖师峰入维摩
寺，登望海楼，绕道西山麓而下。孰知天不假缘，风雨骤起。

不得已，自此山下行。三里至石屋涧，又半里过桃源涧。水声
潺潺，不绝于耳，如在西湖之九溪十八涧间。其时风渐狂，雨
渐大，猎猎迎面，局身山舆中，无尺寸薄帏可以自蔽。乃纵目
四瞩，胡天胡地，非烟非云，白色茫茫。百步之外，不辨上
下。但见舆夫进行，或升或降，或磴或土，仿佛逐风伯，偶雨
师，飘飘乎托足于太虚间也。未几，归孙氏祠堂，茗坐久之。
旋入城，憩于虞麓台。是游也，足迹所至，虽未遍虞山之胜，
而遇此奇景，亦生平所未有，庶乎可自慰矣。

今岁由沪至虞公路已通，汽车数小时直达，交通大利
矣。民国二十四年十一月十日注。

阳羡记

　　江南佳山水，阳羡其一也。昔人以买田阳羡为韵事，形诸吟咏，读者辄神往不置。吾家武进，相距百里而羡耳。民国五年二月二十四日，应宜兴县教育会讲演之招，乘便游览。即晚七时，由东门外附新商轮船局小轮赴蜀山。八时半抵埠，即登湖汊航船，十一时始达，宿于船中。宜兴至此，陆行三十六里，水程五十四里。航船每人仅收费六十文。李君士嘉同行，招待周至。翌晨，偕至春园茗谈，识其伯父荫堂、尔康两先生，黄发丰髯，谈吐和霭。又识其从兄菊生、东甫诸君。未几，荫堂先生邀至其家早餐。羊羔美酒，咄嗟立备，为之醉饱。餐毕，游罄山海会寺。罄山在宜兴县东南五十余里，距湖汊十八里。海会寺距湖汊二十二里。游人或先至海会寺，后至罄山，或由罄山而至海会寺，道路均也。是日九时半，乘舆登山，菊生君偕行。自市街十三里至桥亭庵，途皆石砌。骡马及小车转运山产，舆夫肩挑手挟，耶许而下者络绎。产品以竹为大宗，木材石灰烧炭松枝竹笋之属次之。李君言：斯山出品，年值银币百数十万云。既登山，无处无竹，碧干参天，浓荫遮地。人行其间，索然意远。自桥亭庵至崇恩寺五里，寺居山之主峰，前有石坊，题曰"敕建崇恩寺"，其背曰"第一祖庭"。盖因昔有天隐和尚为开山始祖。其徒四人，第四徒名玉林，乾隆时封为国师。江南各寺，多临济宗，系出天隐。如武进之天宁寺、丹徒之金山寺皆是也。过石坊，越一小阜，左右乱石齿齿，树木繁茂。及门，和尚印品者出迎客，和尚绍春者导入。大殿凡三楹，始建于清宣统元年，至今尚未竣工。左入为法堂，后为厨房。自此出，循山坡行，修篁万千。前隔一涧，涧水汩汩作声。四面峰峦拥翠，日光隐约于丛竹间，极清幽之致。有池曰"洗钵"，宽不五尺，水澄碧，深尺许，终岁不增减，相传为天隐和尚洗钵处，故名。殿后为佛堂，上为御书楼。楼三间，清康熙帝赐书藏此。现藏明版经册七千余卷，完整可诵。右屋三间为禅堂，又三间为天祖堂。余等茗谈御书楼下，印品留饭，其素餐颇佳。

出崇恩寺，由间道行丛竹中，不半里，得大路，过土地堂，达海会寺。寺居平地，右倚西川岭，左扼凤凰山。林木葱郁，山光上下。虽非灵境，俗尘已远。寺内有屋百余，大殿五间，工垂竟。后为藏经楼，亦新建。左为煦妪堂，妙参方丈居之，陈设整洁。妙参深究佛学，吐属风雅，书法亦佳。三十余岁时，自常州天宁寺遣主是山，今六十余矣。大殿及藏经楼皆其募款建筑，洵僧界之佼佼者。香积厨出素餐四碟四碗，清且腴。吾尤爱其春笋，盖甫掘于土中，视市买者风味殊不同也。

五时下山，菊生君导至自营之信康南货号。适微雨，闻附近有窑。游兴未阑，乃复请君导往参观。石灰窑圆形，垒砖和土为壁，高出地面数丈，底有门。所烧柴料，由门送入。灰亦由门出。柴取之山中，松柏枝干价甚廉。石灰一窑，烧四日夜始成。窑灰无覆被。燃料如不甚干，或阴雨，则成灰时间须延长，用柴亦较多。大窑成灰千余斤，小者数百斤，凡青石均可制灰。山民以石供给窑户，俟出灰后，视灰之斤数偿石之值。千斤灰之石价不过三四十千，加以凿石之工价，约六七十千，故成本并不为巨。灰之在窑中者大半为块灰。唯至窑底，多为碎灰，价较廉。炭窑制略异，窑口较小而有顶。松枝或小树或竹梢，均可为烧炭之材料。宜兴灰炭运销江北及上海者为多。

宜兴山中多竹。种竹之法：冬季下根于土，其梢必削去，根即自由发育。第一年生产不茂，第二年则一根产竹七八株。但有大年小年之别，大年出笋，小年产竹，隔年为之。熟地之竹必用肥料，以豆饼为最佳，灰次之。肥料若干，即出笋若干，并须翻土。三年不用肥料，则熟地等于荒山矣。荒山之生产地较广，故不用肥料。

笋之售价，以二十五斤为一石，每石百数十文。但斤数无定，有以十八斤为一石者，有以二十斤为一石者。用充燃料之竹梢，每石仅得二百余钱，且须足斤数云。

竹之种类不一。毛竹最繁，产于荒山者极肥大，俗称钱八。产于熟地者不大，色微红。无论何产，均生毛笋，运售各地，为春时唯一之食品。其他名称，不必与学名相符。所谓胖竹，可作筐筥篮笿之属；苦竹可作笔杆、旱烟管、晒衣竿之属；淡竹可作篙箕。其叶可为药材及泡饮之料。此外如：江竹、蓬条竹、夹竹、大山犒、架竹、稻扦、水竹、厚竹、金竹、银竹、紫竹、罗汉竹、方竹等，不可胜数，且各地互有异同也。

宜兴瓷业家，各有专长。蜀山以茶壶名，种类形式多至千种。丁山以缸盆之属名，粗细均有之。其泥亦分多种，红泥价最昂。紫沙泥日渐缺少，以现状观之，更越若干年，将致告罄。嫩泥富有黏力，无论制作何器，必用少许，以收凝合之效。夹泥最劣，仅可制作粗器。白泥用制罐钵之属。天青泥亦称绿泥，产量亦少。豆沙泥则常品也。制器既成，必加以釉，分青黄赤白黑五种。上釉之手术，颇有优劣。视其器之精粗美恶，量为注意。余尝参观利用陶瓷公司，在城内大街，有工人十余。视其所长，各制一物。所用器具，不甚精密。矩车规车以别大小方圆，篦子明针以事剔括范律，绝无模型。故器之形状大小欲求一律，全恃手势之适当。幸历久谙练，旋转自如，虽百十具无丝毫差误。各种泥坯，烧于蜀山窑内。公司中设一烧釉炉，用土砖筑成。圆形，四周有孔，俾可通气。皿置其中，小者可数百件，大者亦数十件。积炭于上，凡烧四小时而器成矣。炉之中心有孔，自顶直贯炉底。善别火候者，立而俯视之，即知器之成否，非老于此者不能。茶壶之制，发明于明代吴氏婢名供春者。见其遗制，颇为古雅。今则王玉林最有名。一器之成，全用手指捏制，不下千余种。近亦有用模型者，然不如手制之精美。工人无养成之所，自幼实习，以迄成材。工资不等，视货之精粗为准，论件不论日。泥产于蜀、丁二山，每石不过二角左右云。

间尝于春秋佳日，游览禹甸名胜。西湖幽秀，泰岱峥嵘，中心慕之，不能或忘。驱车而北，循京张铁道出居庸关，揽长城之胜，形势雄杰骀宕，叹观止焉。以罄山较之，直峭崿耳。乃吾游阳羡，于其一丘一壑，独徘徊留恋何哉。太史公传货殖曰：“得势益彰，无他。以有资生者在也，是故季次、原宪道则高矣，不如范蠡出其余绪，能致产千金。”宜兴饶竹木灰炭陶器之利，卜筑于此，不问人世理乱。十年而后，称其素封，且不俗矣。

南 京 诗

元宵秦淮步月

几家锣鼓闹元宵，我独徘徊利涉桥。群众看灯我看月，月明无限我无聊。

民国十二年一月作

东 葛 诗

东葛温泉浴

距津浦铁路东葛站二十五里有温泉镇，三四里间皆温泉。合肥龚心余景张氏经营种植公司于其地，购四泉，范以廊，甃以水泥，上无覆蔽，为一大池，可同时容五十人入浴。个人池则在屋中。龚氏好客，有房屋可以留宿。予于癸亥正月十七日到此，适龚氏外出，由其守者招待之。

一宿连三浴，空庭莫笑侬。珠光腾点点，云影泛重重。水碧肌增白，泉清汽自浓。①主人虽远役，杯酒尽从容。

民国十二年一月作

---

① 原稿"泉清汽自侬"，疑有误，故改为"浓"为宜。

徐 州 诗

云龙山

山在江苏徐州城外，为张山人故址。虽一土阜，可俯瞰铜山全城。在此炮发注射，津浦、陇海两铁路即将被阻，故视为重镇。予于民国十年十一月八日重游济泰归，访四弟纪实于铜，偕游到此。

归从泰岱过云龙，广狭高低岂复同。遍访山人遗迹少，不如大佛尚留中。有一井，旁立"饮鹤泉"三字碑，为山人遗迹。山南化雨寺，一佛独坐，他无所有。

巍巍趺坐占山阳，妙相庄严是定光。既倒狂澜无可挽，徒然终古阅沧桑。化雨寺大殿就山石凿定光佛半身相，高达五丈，金面，交叉两手约六丈。左右岩石，嶙峋如列戟。

偷得人间一日闲，异乡携手立峰巅。他年编次鸰原事，记取云龙拜佛前。

民国十二年三月作

29

江都诗

瘦西湖

自江都广储门外天宁寺下起，绕城河西行里许，即入瘦西湖十余里至平山堂下而止。水清而河阔，两岸多树。

小艇轻摇出旧城，河流底事袭湖名。欲知西子如何瘦，问月桥头仔细评。

小金山

一拳小岛峙清流，楼阁高低古木稠。最爱草堂南向辟，湖光山色眼中收。

倚虹园

园为徐宝山上将所恢复，故今称徐园。清乾隆帝所书"倚虹园"三字之石，出见于土中。今为亭，甃之壁间。

长堤春柳卷烟鬟，湖到门前水半湾。莫说将军留恨史，此园终古属名山。

五亭桥

桥上建亭自翼然，飞檐耸桷罩云烟。回头白塔相辉映，风景依稀北海边。

平山堂

帝王佳话从今绝，名士风流亦不堪。远望平畴千顷外，青苍数点是江南。

双鹤一飞不复返，仙人旧侣尚安然。从知梅讯山间早，红绿纷披空斗妍。

民国十二年三月作

西湖记

己酉三月之晦，佩孚、瑾怀、琳叔、果人集于沪，约为西湖游。余欣然诺之，竹庄、练如亦同行。公推瑾怀为会计，果人为书记，集旅费，定行踪，同人皆欲一观浙省铁路。乃于四月朔午后四时，附招商局安利小汽船赴嘉兴。五时启轮，溯黄浦江而上。见英法意三国兵船六七，错驻江中，修洁无纤尘，水兵亦纠纠有武夫状。中国军舰，仅见钧和、飞鹰、策电三艘，外观已腐旧，唯钧和稍整新。而水兵杂坐立，似欠整肃者。一比较间，能不愧悚。十时，有雷雨打窗而入，同人皆临窗卧，雨湿卧具，呼噪大起。幸雨师不为恶剧，少顷即止。余以臭虫为患，未得安睡。

初二日，晴。早六时舟抵嘉兴。登岸，雇夫肩行李，至东门杭嘉火车站。购嘉兴至闸口二等车票，每人小洋十三角。零物携入车中，铺程等均由司行李职员次第过磅，系铜牌，入货车中。另有凭单，到埠后照单取物。上落时并未另索分文。车中职员为铁路学堂毕业生，谦和而有礼。即售物人亦温温可亲。食物有蛋炒饭、火腿诸品，清茶两人合沽一壶，定价有方。唯职员群集头等车，殆尚无办事车故。每站必验票，乘客未免繁琐。且遇站俟来车或上落客货，耗时常数倍于定章。是皆急宜改良者。八时二十分到王店。八时五十分到硖石。车站在西山之麓，相对为东山。山均不高，西山有房屋，东山有塔，风景亦佳。王店、硖石盛产白布，昔时销行于武阳者，每年值三十万。近则武阳已能仿造，销路顿绝。九时十分到斜桥。九时三十三分到周王庙，守换大机车。车自长安来，十时半始到。即开行，速力不啻倍于前矣。十时四十分到长安，车站工程已及半。十一时十分到许村。十一时二十五分到临平。车站在临平山之东，山绵亘数里，大小数十峰。有就山腰凿石者。十二时到笕桥。十二时十五分到艮山门。如至拱宸桥，须在此换车。十二时二十五分到清泰门，城洞已开，日后火车殆将由此穿城。十二时三十七分到南星。十二时四十八分到闸口，下车取行李。职员言，有三件在南星误落，须三时始来。职员办事，不应疏忽若是。余等即登月轮山，入开化寺。寺侧有塔曰"六和"。外观凡檐十三级，内实七层。每层必三折而递升。登其顶，南临钱塘江，风帆历历可数。塔下有喷月泉，水渟而污。旋下山，经驾涛植物园。园在山间。入门，西式楼房三幢，为浙路工程师某西人所赁居。未得入。旁复依山为楼阁，廊下盆花杂陈，艳香扑人眉宇。园后随山植物，尚未成林。苟善艺之，利可操券，惜不知为何人之经营。或谓余言：杭州王某之别墅也。五时回闸口车站，南星误落之行李已到。复购江墅车票至拱宸桥，二等每人大洋六角。六时半到，饮于第一春。酒后周览商埠，殊不繁盛。河滨有石柱，上镌开埠年月。晚宿于来安旅馆，每间容二人。每日赁资大洋一元。

初三日，阴。晨起，至华英园早餐毕，雇小篷船至松木场。小洋六角有半，距约十五里，三小时始达。雇夫肩行李，随行至昭庆寺。知客妙慧出香茗，颇示留宿意，余等志切游湖，急舍之去。出寺不百步，湖光已满目矣。湖滨画舫罗列，舟子环询所至，乃择其一往孤山。舟子阿三知余等初至，某山，某堤，某桥，某墓，某某山庄，某某别墅，随处指话，闻者释然。旋泊舟平湖秋月之西，午餐于楼外楼。肆主临湖剥生鲫，醋溜以进，味最佳，莼羹次之。余偕练如、瑾怀往观苏小墓。青冢一抔，瓦砾丛积，孤亭危立，大有风雨飘摇之感。亭柱题联殆遍，有谓其下为丐者遗骸，信否莫辨。后之流连其间者，咸为苏小悲。岂暇为丐者幸，可知名之传不能妄窃也。西距百余步，为郑贞女墓。墓右平地一区，独无尺寸青草，或曰此即绍兴秋女士墓之遗址。往岁海内传诵之吴女士碑铭、徐女士题诗，今固安在哉。呜呼，秋女士乃不如一丐者，犹得借美人之名以妥骸骨。真有幸不幸之数在耶。有欲植"秋墓遗址"四字碑于此者，其悲秋之思，亦徒尔已。阿三谓朱文公祠有屋可赁，导之往观，乃小斋三楹，尘封不可居。比邻如苏公祠、广福寺均称客满，同人均戚戚不能得所。先期闻张君菊生言：孤山有刘果敏公祠颇适旅居，询阿三以亦有客对。乃放舟渡苏堤之跨虹桥，泛里湖至孤山后，登放鹤亭、巢居阁。阁下有冯小青墓。读其碑，哀其遇人之不淑。尝读《虞初新志》有小传，事迹与此异，而贞操亦可哀敬，殆即此墓之主欤。绕阁而北谒林和靖墓。其前一县尉祠，亦有墓。在中兴时，杭州尉林小岩阖门殉节，杭人哀之而祠于此。西至林社，祀杭州故太守林廸臣。旁一龛虚其中。先闻杭人将附祀长乐高啸桐于此，询之果信。盖林知杭州，倡学务，办实业，有功于杭。而其谋实啸桐主之。杭人之留此纪念也亦宜。二林皆侯官人，乃得与和靖结死后缘。孤山一角，从此姓林矣。

社之外为林墓。墓临湖，林木蓊郁。同人大声互呼，须臾回响，笑亦笑，呵亦呵，清婉无稍爽。盖前为葛岭，声至此被阻而折，所谓空谷传声也。复茗谈于巢居阁，阁亦可赁宿，特湫隘不能满意。一小女持西湖图求售，每帧小洋两角。各购其一。披图见刘果敏公祠与凤林寺为邻，回忆阿三言，或未可信。练如乃约余试侦之。觅路往，经赵公祠、财神庙、西泠寺之侧，由苏堤渡西泠桥，绕苏小墓旁，约里许而达刘公祠。门者曾姓，既审来意，欣然导观镜波楼。楼凡七楹，面湖而居，几席咸备。日索房饭资每人大洋三角，价既廉，屋复适用，且邻比两宜楼，便于沽饮，急回巢居阁。同人静候良久，闻之莫不色喜。乃放舟直抵楼头，布置卧具，时尚早。复泛棹湖中，一登湖心亭。破屋数间，无足以留游踪。望阮公墩，亦湖中一小屿耳。回舟过蚕学馆，渡压堤桥。桥畔一亭，有碑曰"苏堤春晓"，时则夕阳欲下未下，映波泛荡，随风作彩纹。若改碑文曰"苏堤暮色"，则亦此游之实录也。由里湖至左公祠前，登岸，谒岳庙及岳坟。庙前一坊，颜曰"碧血丹心"。庙贮岳氏父子石像遗笔及历代碑碣甚伙。坟在庙旁，颜曰"精忠墓"。门外有柏二，相传岳王曾手植二柏于此。今所存乃后人补树者，遂称之曰"精忠柏"。墓门一盲妇守之，给以钱始启。墓分内外，外门之隅，四奸像向墓列跪，左为秦桧、王氏，右为张浚、万俟卨，皆铁质，围以石栏，如囚笼然，而翁仲及石兽亦侍立两旁。有栗树，干大可两抱，其发生在数百年前可知。再进，即岳氏父子之冢，巍然完整。徘徊其间，虽百世下犹肃然起敬，则其威德足以服人者深也。出庙，憩于湖山春社。其东为钱塘县学堂，向之崇文书院校舍。临湖而精邃，所谓曲院荷风亦在其中。十百学生，当读书时代而获享湖山之胜,是又产钱塘者之幸欤。时已暮,回寓晚餐毕。戏为叠字诗,适七人,乃用七绝格,每人填一字,以齿为序。后者只得视前一字,余均掩之。第一首最通,附录于此。诗云:湖堤千缕袅东风,杨柳楼台曲曲通。漫说当窗云水绿,游人且向夕阳红。

初四日,晴。未晓即起,倚栏遥望:山耶湖耶,烟耶云耶,浑茫莫可辨。忽见云端开一线微茫之光,横于半空,射波心,幻成青黄色。而两三水萤,闪烁其间,睡魔为之退避三舍矣。七时,同人早餐具毕,分坐小艇二游湖。艇垂篷,首尾坐舟子以棹桨,同人皆助之荡,进行颇速。抵三潭印月,一坊颜曰"小瀛洲",有小桥曲折而入。凡三亭,以卍字亭为最胜。最后濒湖屋三楹,遥值三石塔,并峙湖心。有碑谓塔下潭深不可测,故建此以镇之。其然岂其然乎?余与琳叔、果人临流濯足,群鱼逐队来集石蹬下,若候饵之下投者。旋至关帝庙后之迎翠轩,三面莲池,暮夏若来,必有清香袭人。庙多调白莲粉以馈我,凝细自异于他处。入退省庵,为彭刚直公颐老之所,遗像犹在,严正有余威。佩孚等自闲放台来会,即下舟至净慈埠,登南屏山,入净慈寺,寺前有万工池,实一小莲塘耳。其旁有"南屏晚钟"之碣,由此循曲径达漪园,即白云庵。稍憩,出观雷锋塔。四围砌以砖,无门可入,盖以防倾覆也,或谓是塔以无数圆木构成,今已不得见之。塔下有夕照寺,遥望之敝庐数间,亦未往游,而所谓雷锋夕照即此,抑亦虚名之动人矣。复下舟至漪园,为屋不多,修洁可憩。舟过清波门,至钱武肃王祠。祠外有"柳浪闻莺"之碣,是时游者皆叹枵腹。乃亟赴涌金门入城,午餐于涌和馆。途遇山阴金君夔伯立谈数语,出城茗坐于颐园。短栏回榭,俯览荷池。而远山近湖，错接吾目。斜阳送客，乐而忘返。遇嘉兴富君敏安，返孤山，登平湖秋月。一榭凸居湖滨，绿树四绕，风景可与三潭印月相伯仲。谒陆宣公祠，观照胆台，入苏公、白公、姚公祠。而圣因寺、旧行宫、文澜阁鳞比以居，类皆荒草离离矣。唯文澜阁在行宫之后，危楼五间，内贮《四库全书》，惜封锁不得观。梁栋栏楹，皆文以淡绿色。院中假山嶙峋，林木蓊郁。春秋佳日，苟得大启藏书，恣目观赏，则亦罕有之乐也。舟渡锦带桥下，泛北里湖至大佛寺，由坚匏别墅登宝石山，欲观宝叔塔，不知所从。询一行者，谓自广济病院内可径登。惟外国人常不许游人出入，盖西医梅藤更就山腰建屋三所，以为养病院。余等盘旋直上，及巅，不见一异言异服者。最高处有楼三楹，楼前草地一方，有所谓万岁石，一名寿星石，圆博而不甚巨。石侧为来风亭，徘徊片时。将下山，忽见有洼地，迹之，得一洞，黝狭可容两人行。出洞，峭壁双峙，中一隙道略有级，侧身而上。小不慎，头左右触，即有破碎之患。约数十步，达一峰，其巅可容五人舞。于此俯视峰腰，有阶级递降。自此以西，复层累而高。斯时竹庄、琳叔在来风亭遥呼相应，卒不得洞口而入。余乃往导之，而琳叔不欲复登，留余为伴，旋下山。而佩孚鹄候山足已久矣。旋竹庄、练如、瑾怀回述：自余折回处再越一岭，乃至石甑山。山有巨石，状奇险，以其稍类虾蟆，故俗呼虾蟆石。余在山下遥望之，其形酷肖，自憾未与同登也。下山至抱青别墅，折回经麻疯院，亦梅医士所建。更见东泠寺、孙花翁墓。碑题宋之诗人，惜不审其里居事实也。遂下舟，鼓棹于葛岭、孤山之间。暝色催人，舟子益奋力。渡西泠桥抵寓，与佩孚、练如畅饮而卧，甚酣，殆游踪倦惰故也。

初五日，晴。晨七时皆起，乘舆由岳坟上三天竺。下天竺有寺曰"法镜"，中天竺有寺曰"法静"，上天竺有寺曰"法喜"。自法喜寺侧曲折而上，通观东房，更上为上白云房，庙宇以外无佳境，沿途男妇乞丐，指不胜数。盲者哑者为一类，肢体残废者为一类，设破几供小佛以诱人掷香钱者为一类。而村姑乡妇之流，方倚门浣衣，或伛偻老妪，捧满碗饭和蔬菜少许方作午时餐。他若六七龄之孩童，衣履完且洁，是皆山中之居民可知。乃见游人来，莫不辍其所事，搴裳以乞一钱。相习成风，不知廉耻，皆教化未能普及之过也。此游殊懊闷，亟回舆至灵隐寺前，合餐于小馆。有所谓跑蛋，店使持一碟来，蛋隆起数寸，以箸拨之，松而香，是亦他处所罕得者。餐毕，入云林寺，即灵隐，飞来峰突现于门内，有康熙帝所书三大字，涂以朱色。峰之四壁，凿大小石佛不下千百，而耳鼻皆不完。僧言为洪杨乱时所毁者。峰下为龙洞，亦作龙泓洞，相传吴赤乌二年，葛仙翁成道于此。黝以深，奔走喘汗之余，到此骤寒，若不胜衣矣。毗连凡数洞，若天乳，若通天，若射旭，浅深高下，均不一致。其石下垂，距地数尺或数寸而止。石色黄白，间以绿纹，当为石钟乳凝结无疑。而壁间水蒸气时滴吾面，凉沁肌里，有因之作惊色者。西行数武，洞顶有小穴。仰视天空，小仅方寸，僧言此为一线天。出洞，见洞口有东坡所书"佛国"二大字，墨色灿然。忽闻泉声淙淙自峰侧出，遂纵步迹之，得春淙亭，跨于石门洞上。洞之泉潺湲而下，清可以鉴。瑾怀俯首而盥，琳叔扠手而浣，一再不已，岂爱其清澈之足表同情欤。缘涧而行，又得壑雷亭，殆拟山泉下注声厉似雷之意。玩此即知亭前之泉，益大于春淙亭矣。涧上石壁有两隙，大各如豆，僧言此为吹虎洞。以口吹之，呜呜作虎鸣。竹庄、瑾怀屡试屡不成声。與夫三四迭吹之，响可达百步。或以此为呼猿洞，僧言非也。更上为亭，亭名冷泉。同人或坐或卧，倦态迭呈。僧复导游峰巅，径狭而险，竹叶满铺，滑足难行。下峰至云林寺茗坐，与知客本兰畅谈。渠言白猿洞在白猿峰下，近于射旭诸洞。余等或实践之而未审其名。某君旅行记以吹虎洞当之，非也。更上韬光庵，院中有金莲池。池不甚大，是时莲正开，小如杯，色黄似金，叶形椭圆。大小无甚差别，每茎上下各一叶，似具此以护花者，诚罕见之品也。超其巅，为丹崖玄洞，相传为吕祖炼丹之所。洞前一小泉，僧言中有龙，四足五爪而鳞。若捉置瓶中，霎时必泪没不知所之。琳叔凭槛久候，奈缘悭，卒不得一见。南望西湖，宛在足下。以远镜瞩之，湖外钱塘江如匹练，江外波光泛滥，茫无涯涘，殆海口矣。僧言破晓时来此观日出，景色殊奇。洞间有额曰"观海"，有联曰"楼观沧海日，门对浙江潮"，洵纪实语也。下丹崖玄洞，由韬光之旁，经松林山庄，至北高峰，为武林山左支之最高处。自下达巅凡九百二十丈，石磴数百级，曲折凡三十六。與人芝香大解人意，为余等购草履缚于足，试之，果不滑，乃与瑾怀、竹庄、练如、果人错杂同行。日光甚烈，幸万木森森，行于树荫者常八九，曲折处偶有石条以息游踪。瑾怀先及巅，余次之，拍手欢呼，众山四应。有一庙，数僧守之，他无可观。返韬光，琳叔、佩孚待此久矣。遂出灵隐，至清涟禅寺。观玉泉，乃三面长廊，绕一方池。水深碧，群鱼十百，色有红者、蓝者，黄若金者。巨鲫长约三四尺，僧言已百有余年。倚栏而观，向僧购面饵投之，辄有数十头咸来攘逐。饵罄，继以瓜子皮；又罄，乃以瓜子，乐态亦可概见矣。檐下有董香光所书"鱼乐国"三字横额。古人品题，良有以也。出寺，经义烈遗阡、张烈女墓、紫竹林寺，即回孤山。唤酒于两宜楼，拥醉而卧。

初六日，晴。晨餐毕，昨约之乘舆已集。今日行最远。由环碧桥、流金桥至卧龙桥埂。折而西，行于大麦岭、小麦岭之间，无百步不曲，无十步不在树间。枝叶压顶，苍然意远。越棋盘山，登灵石山，而达风篁岭。入龙井寺，僧常清导观龙井泉，中亦有龙，常清述其状，与丹崖洞前无异。泉旁为龙泓洞，汩汩有声。洞上有神运石，相传此石随大风雷以至者，故名神运。有"一片云"者，亦石也，在崖之前。近处有方圆庵遗址，尚可指认。涤心沼在崖之北，而翠峰阁遗址已不可寻觅矣。寺前为过溪亭，由此盘旋而上，观九溪十八涧。溪水随山而行，山曲亦曲，山低亦低。清泻之声，山林不能障之。每遇断径，则有乱石错立涧中，借以渡人。若是者约一十余处。此水皆源出杨梅岭。九溪为百丈、九坞等九水，其支流无数，约倍之为十八涧云。抵理安山，万松参天，浓阴夹道，迤逦而至理安寺。在湖上诸山，别成一种幽胜。寺中客舍，宽广而雅洁，专为夏日客来避暑计者。后院一石洞，洞下有泉，水蒸气上腾洞顶，反落泉中，淅沥声无片刻之时。有人题四字于洞口曰"滴滴归原"。由理安越杨梅岭、翁家山而至烟霞洞。是洞黑暗而险，渐入渐狭，必秉烛始得行。四壁皆凿佛，如飞来峰然。洞口新镌一苏老像，颜曰苏龛。老僧学信为余言：此石原刻财神，试工时为陈蓝舟先生（豪）所见，亟令改镌，以苏老曾游此故也。学信非凡僧之流，尝于烟霞洞之顶，构屋三楹，以石为柱，以三合土为砖，自此凿石通道，以至左崖。有断峡，乃架独木为桥。其崖正对钱塘江，构一亭于上，名之曰"吸江"。崖之下有石状如卧狮，复构一亭，即以卧狮名之。洞旁为屋若干间，借供游人休憩。尤可爱者，除洞壁佛像外，前后厅事，不见一香火供奉之物。学信又以精素菜闻，余等假坐午餐。盘碟十余，咄嗟可办，莫不雅洁。下山过南高峰而至石屋洞，大而不深。旁一小者，盘旋而入，形如螺纹，有人颜以"沧海浮螺"四字。绕登石屋之顶，复有乾坤洞。洞口暗陬有小泉，僧言以之浣目，能已目疾。试之奇冷难堪。过兔儿山至法相寺，殿供定光佛。僧言为唐时燃灯和尚之遗骸，后髹以漆，迄今已千有余年。无稽之谈，岂可尽信。而浙中妇女求子者，常至此奉香火唯谨。伸手于佛之里衣，得其势，即为孕兆。不得则绝望。是亦陋俗，亟宜禁革者也。出寺不远，至于忠肃公祠。祠旁为梦神庙，祠外为墓，宏壮不下于岳坟。凡七冢，中瘗何人，惜匆促不及备考。归途过端友别墅，为富商宋氏之产，故亦称宋庄。楼阁之外，遍筑假山。本湖山胜境而为此建筑，亦班门弄斧之类也。五时回镜波楼，竹庄等复棹艇泛三潭印月，余以倦未与偕。楼下为蚕业馆，某君赁屋行婚礼，余借悉此中礼节，与他处不同。晚间就中厅唱南词，男女分坐两旁听之，达晓始已，尤吾乡所不为者也。瑾怀今日病腹泻，琳叔以家事，均亟亟欲归，乃定明日行。闻云栖寺风景最佳，只可与山灵结再来缘矣。

初七日，晴。晨整行装，八钟雇小艇二叶，兼载行李，至昭庆寺前。回望西湖，淡烟漠漠，若有余情。过志水堂，建筑尚未竣工，不知为谁氏所有。谒张果勤（曜）公祠，登岸步行，抵松木场。复雇一舟指拱宸桥而行，及半途，大雷雨骤作。篷破不足蔽，雨积舱中高数寸，舟子执瓢挹之，倾于河。同人蜷伏，唯闻叹恨声。有谓明日作返计，不特云栖可游，且无此苦。有谓今晨若以七钟行，则已抵拱宸桥。有谓若雇得良好之舟，亦何至若是其狼狈。有斥舟子力薄弱，不能速行以避风雨。幸不及一时，雨已止。十二点半钟至拱宸桥，余与佩孚、竹庄、练如至沪，合定戴生昌大餐间。瑾怀、琳叔、果人赴苏返常。故购招商局房舱票。行李布置既妥，同往第一春午餐。四时分道登舟，五时启轮。至税关，税司查舱毕，久泊不开。询之舟子，乃知有杭绅王某约定今晚附轮往沪。王有烟癖，昼伏夜行，非晚不起。而局中迫于情势，不敢不待。同舟闻之，莫不愤然。以私害公，几成通习。吾岂仅痛此王某哉。晚八钟始开行，夜半过石门。有大雨，是夕睡甚酣。

初八日，晴。舟行殊缓，闷坐颇苦。餐罢即睡，睡起即餐。畅游倦还，得此强迫之休养，于实际亦颇佳。是日辰八钟过嘉兴。十钟过嘉善。午后一钟过枫泾。三钟过松江。五钟过闵行。八钟抵沪。越日果人书来，谓在苏登岸，遗一书囊，数日游记，不知为谁氏所得。抑已弃之敝篓中。书记之责，无以尽矣。余乃走笔志此，聊补果人之缺憾而已。

此己酉年之西湖也。民国成立以后，杭州集官绅商学各界之全力，革新西湖，交通上、建筑上大加改良。自民国十八年秋西湖博览会后，湖上并有博物馆、大剧场等，不啻成为中国一有名公园。予于三十余年间，重游湖上，奚止三四十次。迄未有新游记之著述。殆以商务印书馆印行西湖游览指南一书，详尽无遗，况又随时增订。欲知现代之西湖者，只须有此一册，无待再作游记矣。民国二十四年十一月十日注。

西湖诗

宝石山

危楼三级耸湖滨，古塔巍峨属比邻。若问此间谁管领，山灵应亦暗伤神。时梅藤更医院尚未收回

三潭印月与钱琳叔徐果人濯足

水到亭前分外清，临流濯足乐闲情。漫云踏破空潭影，贪看游鱼逐队行。以上己酉

烟霞洞遇雨

山深路滑兴偏赊，避世年华此地佳。且把村沽拼一醉，管他是雨是烟霞。

远来古洞散人家，万木丛中岁月赊。笑与山灵成密约，小春岭上看梅花。

将至芦庵舟中口占

曲曲山溪任往还，舟舷附岸树回环。青屏翠嶂疑无路，短棹轻移又一湾。

四围水色碧如油，除了扁舟不自由。却喜红尘无处到，洗心涤虑有清流。以上己未

登玉皇山

磴道回环门向阳，万千苍翠尽修篁。参差乱石山腰立，想是昂头拜玉皇。

湖山多树少石，自凤凰山至玉皇山顶，随处嶙峋，饶有挺拔姿势。福星观新葺，客舍亦可留连。

下玉皇山后坡

缓步下层峦，羊肠屈曲蟠。惊心舆转侧，碍足草弥漫。世路多中阻，吾侪岂畏难。但须意志定，随处可平安。

自玉皇山至烟霞洞须下后坡，小径曲折，峻而滑。舆夫为言，终岁不一过此。盖游客登玉皇山者既少，由玉皇直至烟霞者尤少也。

烟霞洞素餐

为爱山中蔬笋好，烟霞深处不烦登。清腴依旧求精细，令我长思老去僧。

十余年前老僧学信，仓卒治馔极精。今其徒复山似有不逮，每来湖上必谋一餐，殊不能忘情此老也。

韬光远望

直上峰头暂息肩，任吾放眼渺无边。湖光一片圆如镜，潭影三分小似钱。黄白环流江外海，青苍互接树和烟。纯阳洞口春秋好，俯瞰尘寰大可怜。

在韬光之镇海亭南望：两峰缺处，一道黄色者钱塘江也。其外复一线白光，则海也。近视西湖全镜在目，镇海亭后山穴祀吕纯阳。

月湖泛艇

四围苍色甚迷茫，短桨轻摇爱月光。远树似浮云以外，宿鸥惊落水中央。几声钟响前朝寺，万点灯芒新市场。大好湖山无恙在，只从凡俗判炎凉。

圆月当空，湖波荡漾。乃偕守枚买艇至孤山，晚餐于楼外楼。绕平湖秋水三潭印月而归。在湖中遥望新市场，灯火甚盛，愈近则愈厌。回顾三面，烟波如画，云水相连。爱之不欲去也。

游各别墅有感

湖山合住散人家，小结茅庐多种花。富贵浮云何足道，笑他在此竞繁华。新筑别庄，无不富贵气太甚。

烟波楼阁焕然新，门设常关独善身。自古明湖公有物，桃源也纳问津人。李庄罗苑等得友人介绍始得入，其他不公开者尚多。

小有园林结构精，主人当日费经营。风流文采何堪问，姓氏于今几变更。如杨庄今为宋庄，王庄今为邓庄，廉庄今为蒋庄者，不一而足。

名园三两买舟寻，梁栋难堪风雨侵。燕子不来春又去，寂寥庭院客惊心。水竹居鸳山别墅等旧损荒凉，不堪欣赏。

蕉石琴声久不鸣，圣人尚实恶留名。令威倘使归玄鹤，门巷依稀话旧情。康有为曾有圣人之称。近在丁家山购地九分，筑康庐，改山名为康山，并毁旧存鸣琴旧址。浙江省议会诉其侵占公地，事犹未已。以上辛酉四月

武穆王祠墓

精忠两字系人心，庙貌重新无古今。百万俸钱何足惜，好教借此示官箴。在西湖上，前年经浙省文武官吏集金重建，故已焕然一新。以上壬戌

西湖博览会

民国十八年浙江省政府倡办西湖博览会，以孤山及里西湖沿岸为会场。特建大礼堂及长木桥外，借用原有各庄改建八馆三所。断桥旁筑新路，辟大门。电灯无数，最为动目。六月六日开幕，十月十日闭幕。

建筑堂皇十馆题，融通新旧又中西。入门如上山阴道，尤苦盘旋高复低。各馆路径曲折，且有依山为高下者。

五光十色夺天工，锦绣辉煌各不同。西子倘无时下热，梦魂应返馆娃宫。各馆大门均作新奇图案，一变西湖故态矣。馆娃宫在灵岩山，亦西子所居。

桂香欲罢菊初葩，九十秋光半老赊。最是动人欣赏处，湖边犹见万莲花。到处红白莲盛开

电炬悬空灯在舟，如荼如火闪双眸。可怜分外中天月，枉却西湖一度秋。

湖滨公园中秋望月

卅年湖上我频来，望月中秋第一回。最好买舟容荡漾，还宜策杖尽徘徊。万千灯火皆成影，对岸为孤山白堤一带即博览会。电灯无数，倒影水中。三五裙钗共举杯。时有三女士携香槟酒就石台对饮，罕见之韵事也。西子不知何处去，嫦娥依旧好追陪。以上己巳

平湖秋月待雨

一望山林化作烟，平湖云雾水连天。无心留客须添茗，小坐偷闲恍似仙。

水乐洞听泉

岭脚天教古洞存，携灯深入似黄昏。石鸣钟鼓泉音乐，可与仙人对坐论。洞内有石，击之作钟鼓声。洞底泉声汩汩似音乐。左右石几石凳甚多，可以休息。

远客何堪空过门，须知洞里有乾坤。滔滔音乐天然奏，洗耳还须枕石根。在烟霞洞遇唐擘黄、赵元任诸君，询自水乐洞来。疑无足观，竟未入，闻予等言决重探之。

苏堤驰车

夹堤桃柳未成春，顾盼湖光白似银。六七街车迤逦过，儿童笑指异乡人。

白堤步月

对月闲行带薄醺，尽情笑话共欢欣。万千灯火周遭耀，月色遍教减几分。二月二十六为旧历正月十三日。月色甚佳。在楼外楼酒罢，同游诸君绕道白堤回新新旅馆。

以上五首民国二十三年二月作。

海宁诗

海宁观潮

万目遥看鳖子门，蜿蜒起伏向前奔。如雷如鼓轰轰过，顷刻声威何足论。

杭海汽车中口占

观潮往事未尝忘，今日重游去自杭。摇荡如篮翁不倒，奔驰有路客长扬。路初筑，极感颠簸。千桑万竹良田宅，两旁多桑竹。九曲三弯旧海塘。园号中山新建筑，前一日方开幕。临时更有几围场。为沪宁铁路及中国旅行社所特设。

天目山记

　　春夏之交，惠风和畅，游兴屡动矣。王君仙华持陈君叔通函，约游天目山，毅然从之。天目山为浙江全省山水之主脉，有东西二山。东天目属临安县，西天目属于潜县①。《浙江通志》称：山高三千九百丈，周回八百里，有三十六洞。又名浮玉山。《太平寰宇记》称：水缘山曲折，东西巨源若两目，故名。晋时游者渐至。及梁昭明太子读书于西天目，参禅于东天目，并分《金刚经》于此，名乃藉盛。相传昭明目双瞽，洗于东西泉，目悉明。故庄曰"双清"，山曰"天目"。宋元之间，寺宇式微。元明之间，高峰祖师及其徒中风国师重兴之。清洪杨之役，十毁八九。同治以后，渐图恢复。至今唯西天目之禅源寺规模最宏，东天目之昭明寺次之，昭明禅院又次之，其他无足道者。残劫之来，何佛法亦无可幸免耶。

　　十一年五月四日，即夏历四月初八日，由沪乘一时二十分快车赴杭。仙华及高君梦旦、孔君大赍先后登车，七时十分

① 注：于潜1956年撤县，今为於潜镇，属杭州临安区。

到。适大雨，徐君亮闻、楼君仲孝在站迎候，即雇人力车至湖滨旅馆。夏君剑丞及叔通来，商定明晨起程，并有沈君蔼如、左君南生加入。因已遣人在余杭雇定肩舆，并至临安预定宿所，虽雨不能中辍也。况出游须十日，安能必其不雨；今日雨，安知明日不晴。故决计冒雨行。

五日黎明，叔通呼起，早餐。六时出旅馆，由此往拱宸桥十五里。本可乘火车，恐延误，乃乘人力车至武林门。杭之人力车，城内外各为区域，至城门口必换，始得达拱宸桥。在四公司轮船码头，登预雇之航船，七时四十五分开，凡四十八里至余杭。先入运河，转入三墩河，过古板桥、文星桥。沿途树青水碧，上下掩映，风景至佳。三墩镇甚繁盛。过观音桥、老人桥，远望文昌阁，临流翼然，天目山下院在此。一点二十八分到余杭，在千秋岭阎家牌楼登岸，分乘预定之藤轿。此处有轿行，凡舆夫挑夫均可雇，每轿三人。但游天目多山路，行较难，舆夫往往有中途患恙者，最好四人。工资每人每日银六角，不问乘否，以日计之。饭食随地供给，约每人每餐银一角，挑夫略同。一点四十分行，凡四十里至临安。由余杭城内大街，出西门，在夫子庙前稍停，自此往，道路平坦者三里。过观音堂，三点十分至丁桥，十里。两面多山，惜不知其名。过坎头湾而至青山，又十里。群峰拥翠，野花斗芳，似匡庐之栖贤谷一带。过陈公井、枯竹岭、百冈岭至五柳桥，又十五里。舆行两山间为多。由丁桥起，路狭而滑，不及余杭初行时远矣。五柳桥至长桥三里，长桥凡七孔，建筑精工，跨溪如虹。两岸多山，中流多石，而水声潺潺如急雨，清澈如镜。月夜泛舟，无异蓬瀛仙境，故为临安八景之一。长桥至临安城二里。舆人言：余临号称四十里，实有五十里，故行须五小时。信然。七时到慈胜禅院，临安无稍佳之旅馆，住此为佳。院无大殿，屋亦不多，佛堂三间，旁为客房，可住十余人。客堂三间，余均倾废。临安无砖城，西门外有市，仅百余家。城内尤冷静。钱武肃王墓在县署东首。

六日五时即起，六时行。出西直街，过竹林桥、竹林溪、东岳庙、狮子山下，遥望山巅，一石昂起如立犬。至涌慈庵，已行十里，是为西天目中院。过新溪桥、边岭角，右面森林满山，宛如翠屏。左为新溪，有桥跨其上。沿溪行，渐渐升高，越三跳画眉岭，而花园，而琅碧，至护龙岭，又行十里。右倚高峰，左临深壑，前后高下，莫不肥翠夺目。岭下有护龙庵，可餐可饮。临街茶室三间，面山临水，密竹成林。下岭有石路二里许，至桥东村，村多居民。有三在学校。过急滩，桥已圮，以板为之，长约四丈。读金之俊《游记》，当康熙丙午，即是板桥。岂至今未经建筑耶，国民性之安于简陋，于此可想。过一陇畔，水自高塘泻入低塘。越堤而下，宛如珠帘，白光闪烁，声尤激越，耳目为之一爽。过高起桥、玄帝殿至青云桥，市肆颇盛，面食亦佳。十二点三刻，至荷花塘、涌莲庵，是为西天目上院，又行十里。自此至西天目禅源寺，尚有二十五里。涌莲庵和尚如果，南阳人，仓卒备饭，仅得蔬笋二味，故午餐以青云桥为宜。青云桥为上东西天目之歧路，向右上东天目，系小路；向左上西天目，系大路。由东到西，由西到东，只有一路，号称十里，实有十五里。吾等先到西山，二时一刻行，三时至南庄村。有桥，桥下溪声怒发。过满岭，为登山之第一岭。渐行渐上，山势绵亘，惜少树木。入口以乱石砌一洞，如城窟，远望甚有致。下岭数百步普照禅林，门额题"中天目山"四字。天目之有东西，以两泉当两目故。今忽增一中山，是天有三目矣，何穿凿如是。过新桥至一都村，越海棠岭，地势益高，并见一瀑，凡二折，惜太短。左面下岭，即至西天目之头山门，自此全禅源寺尚有六里。

头山门外，大树夹道。更左下历五百余级，又为平地，盘旋而入。松杉枫柏，不知凡几，而干直如矢，大三四抱者，排列路旁，不足奇也。登雨花桥，桥上一方亭。更入半里，即双清庄，禅源寺在焉。此为西天目发轫处，赵子昂撰碑谓即"昭明读书处"。一僧指示余：东为阳和峰，西为翠微峰，西北为昭明峰，南为越王屏。寺之左右，有东西二涧，合流出雨花桥下，急流狂泻。坐亭中听之，胜于灵隐寺前之壑雷亭多矣。

禅源寺规模宏大，洪杨兵燹，仅存药师殿。同治五六年始修复，今有屋千余间，有田二千余亩。大雄宝殿、罗汉堂均甚雄伟，平时有僧众三百余。每岁除夕，善男信女来寺守岁者千数百，故客房甚多。老僧能和，山东济宁人。清光绪六年来此住持，方二十五岁，今七十五，已退隐。美髯髭，能书，善画梅。此外退隐者尚二人，一名归元，一名见空。

七日六时起，七时出禅源寺后门，登山。草木拥护，随处听泉。二里至仰止桥，桥下涧声如雷鸣。三里至环翠亭，旁有花石峰，峭崖欲坠，崖上多松。五里至半山桥，涧声愈响。路旁大树一株，凡五抱。亭前有匹练倒垂，虽不大，亦可观。南望山下，烟云无际，由此可至东茅蓬。过无根石，系大石一方，下狭而上阔，耸立迎客。六里到狮子口。立此前视，适当两山之隙，如口然。群山皆在履舄下，平田如水池。斯时云雾大起，倏聚倏散。入观高峰塔院，内供遗像。茗坐其前，左为狮子峰，右为象鼻峰并香炉峰。一僧言：上山宜先到东坞坪，再登老殿看茅蓬。折而下看大树，再来狮子口。舆夫欺予等不识途，致直达此处。出塔院向上，行小路半里许，滑湿而险，既无石级，人迹绝少。云雾又弄人，四顾茫然，俯视则白色漫漫，渺无一物。大树约五六抱者不胜指数，排列眼前，亦隐约莫辨，殆即云海非耶。拾级而上，即开山老殿，前供韦驮。入为大雄宝殿五间，有楼，相传高峰祖师死关所在，十七年未出关一步。予等茗坐楼下。僧林慧言：有倒挂莲花峰，奇景为一山冠。客有往者，愿为导。仙华、大赉及予三人从之行。由老殿向左，曲折下坡，滑而陡，愈下愈狭，愈陡愈滑。予因滑失足，幸未伤，挺身复前。坡将尽处、有五石分峙，如莲花之五瓣，各自高撑。最奇者其石层层叠起，两层相叠处，有隙宛然。倏见林慧立于一峰之巅。仙华欲从之，视无路，须攀援而登。幸有树可凭借，助以一跃之力，乃得立于五瓣中央。予等从下仰视，仅见其首，不啻为莲蕊矣。此峰占地不大，而天目别有莲花峰，不如易名莲花石，倒挂二字尤为不当。此名殆不见经典者欤。峰旁为峭壁，与又一峭壁并峙，直辟数丈，下临深潭，是为天门。得此，则峰之奇险益显，普陀之观音洞不逮也。由老殿更上二十里为龙王井，水甚清，即天目之一，西天目之绝顶也。由老殿右下里许，至中祖塔院前，看大树。实测之，离地三尺处，计周三十六尺。近地之干，则周四十尺，其径当为十二尺。山中人称为大树王，当之无愧。过宇宙峰，孤挺道旁。观洗钵池，在一大树根下，小仅尺许。水甚浅，但终年不涸，相传为中风国师洗钵处。更下仍至狮子口，附近有炼丹台，相传为张道陵炼丹处。由狮子口下二里，予与仙华必欲往东坞坪，舆夫诿为不知。强而后行，路僻仄，约三里而至。屋数间，一僧守之，后为玉琳禅师塔院。山上多竹，稍憩即下，回禅源寺。寺后有道，石级整

齐，可达太子庵，即昭明读书台故址。新葺楼房三楹，楼下供
龙王，右有楼三楹，为幻隐精舍。庵之四围，丛竹环翠，高
皆数丈，大皆盈握。幽秀之景，驾云栖而上之。予与仙华、
大赉笑语于石阶，乐而忘倦。日已落，乃归晚餐。今日上山
兜子，由寺代雇，以两木杠驾一竹椅，毫无伸缩力。人坐其
上，臀背交痛。行高处则摇摆，行平地则颠簸。此等舆夫，皆
平时之田佣，既不谙练，又不耐劳。仙华与予弃之而步，极其
自由，甚愿有以改良之也。

八日六时起，九时一刻乘舆行，往东天目。出头山门直
下，不由来路过猪肚岭。不高，至一都村东，枫树成林。右面
多柿树，秋来看红叶至佳。对面大山，土人呼为挂装岭。全
忠桥已圮，以木板代之，急流中多沙石。自猪肚岭至此皆下
行，过唯善亭始升高。至板壁岭、六角岭舆行于高峰之腰，路
宽不足二尺。左为山，右为壑，时有转折，致乘舆往往凌虚而
渡。回头俯视，心殊摇摇。有时向上，则第一舆如在云中，前
仰后俯作直立之状，向下又作倒竖之观。盘旋之际，数舆委宛
相接，恍似跃龙。予舆最后，故得此奇态。过等慈寺，相传为
梁武帝遣人迎候昭明太子之所。过梅家桥，即达昭明禅院，
是为东天目之麓，禅源寺到此十五里。昭明禅院为昭明太子
初参禅处，亦名"古文选楼"。志称：太子之《文选》属稿
于此。剑丞言：文选楼实在扬州。前人游记谓此间有昭明遗
像，予未见。大殿五间，左客堂五间。住持圆觉曾任昭明寺
方丈二届，禅源寺方丈一届，乃得退老于此。在此午餐。出
院，更上一岭，俗称老虎尾巴。路系直上，万松夹道，不半里
即无一树，致骄阳虐人。过将军峰，山高路陡，时见峭壁。至
且止亭，俗称五里亭。昭明禅院至此方五里也。在此四望：大

有一览众山小之概。俯视龙泉庵、里村，房屋林木，渺小如孩提之玩具矣。更上数百步，见对山有瀑。远观为二叠，声闻如雷；近观则下叠被掩，上半尚五六丈，阔约三四尺，摇曳如龙之下注。就过客问其名，但摇首。一僧言：是为玉涧泉，在黑驴庵下二里。行未几，则瀑布泉突现眼前，自崖下泻，悬飞十余丈，凡三叠。来自白龙池，下注深涧。虽不及匡庐之三叠泉、马尾水，已觉洋洋大观。垂虹桥跨深涧上，立此仰望，水珠溅衣。须臾，凉如新秋。由石阶上碎玉坡，得观瀑亭，方形，新葺。倚栏小坐，左顾右盼，翛然出神。更上为栖凤亭，又上为回峰环翠亭，松华和尚手题"天目山高苕水长"七字。昭明禅院至此为十里，全系山路，行殊迟延。登钟楼峰，峰巅建一楼，内悬巨钟，高丈许。每二分钟打一下，声闻半山。对面为白虎山，后为赤龙山，又称狮子山。左为龙王墩，下钟楼，辟地数亩，昭明寺在焉。入门为弥勒韦驮殿五间，对面为楼，右为斋堂，左为客房。大雄宝殿五间，右为禅房，左为报本堂。后为千佛阁，阁中供毗卢佛。三面壁上供尺许小佛，各四排，梁栋椽榱之上亦有之，皆铜质，现金色相。相传为宋元间物，寺灾而阁岿然独存。其右新建房屋甚多。方丈朗镜方壮年，退隐老僧松华有风雅名，但未晤。予等宿一叶轩，亦系新葺。临安知事徐麟祥澄秋君先一夕到此，与剑丞为旧交，宜兴籍，与予为邻乡。晚餐后，月色皎洁。南生倡议夜游，皆欣然。乃令僧启山门，登钟楼峰。一轮当头，明星点点，若举手可扪者。万籁俱寂，四无烟云，但闻两鸟唱和林间，席地笑语，风送铃响以乱之，仙乎仙乎，罕有之乐事也。十一时就枕。夜将半狂风怒号，似挟急雨。既而雷声隆隆，如轻擂之鼓。日间阅袁宏道、唐子霞《天目山记》，均谓：山中闻雷如婴儿泣。自度不能实验，谁料竟得遇之。但实不类。以予困于尘俗之身，偶来山中，得于日月之外；若干小时间，饱观烟云风雨雷电之变，视天梦梦，如坠幻境。自然界如是，人世间莫不如是。真令人动出尘想矣。

九日六时半起，雨止而风狂未稍杀。既不能登高，又不能下山，乃上钟楼。远望山腰，云雾迷茫，自下而上，自远而近。须臾，已绕吾四周，而浩荡之态若洪涛、若飞雪，驰骋两大间。忽浓忽淡，忽苍忽白，忽又甚黑，目不一瞬，变化万千。楼有额曰"云海奇观"，此殆观云胜地也。去秋在泰岱观日出，今在此观云，可称双绝。自寺转西半里许，至洗眼池。池小，水出石窍，凉而不洁。石复层垒有致，相传即昭明洗眼处，旧有回光庵。更上二里，至分经台，即昭明分《金刚经》处。有葛洪炼丹池，水深不盈咫，而大旱不涸。由台后更上七里，为大仙峰，则东天目绝顶矣。十二时雨止，即下山。未几，雨复至，过护龙岭时最大。闷坐舆中，殊为扫兴。幸下山非原路，不十里即入平地。六时半至临安，入县署。澄秋君留晚餐，并出示近摄天目影片。此行大赉摄影颇多，有为未摄者，索数帧归，以便编册印行。但惜未携测高器，以经验度之，高度当在四千尺以上。《通志》所谓三千九百丈，不足凭也。

十日六时半，乘舆行，十二时到余杭。雇小艇三，每艇只可坐三四人，行甚速，五时半到拱宸桥。仍乘人力车入武林门，投湖滨旅馆。戚友相见，必以天目如何问，谨答曰："西天目秀，东天目雄。西天目以树与涧泉胜，东天目则瀑布较可观。"兹志游程大概如次，以为后之游者导焉。

游程须知

第一日清早，自杭州城站乘火车至拱宸桥（或乘人力车出武林门至拱宸桥）雇船往余杭。四十八里，约行五小时。船可坐八九人，价四元，饭食茶水约一元。在阎家码头登岸，雇轿子到临安。四十里，约行四小时。轿夫每人每日银六角，餐在外。到慈胜禅院宿，第二日清晨，登山到青云桥。三十里，午餐。过西天目中院到禅源寺。二十八里，宿寺中。第三日，由西天目到东天目山麓之昭明禅院，午餐。再上至昭明寺宿。

第一日自杭州到余杭，宿旅馆。第二日清早，乘轿直到五柳桥，四十里。五柳桥至西天目中院，二十里。由中院到禅源寺二十五里。如此，不必在临安过夜。因从临安到西天目路如弓背，从余杭直到西天目路如弓弦，可少走十里。

从东天目下山，直到涌慈庵、新溪桥，午餐。傍晚到余杭，凡五十里。如此，亦不过临安可少走五六里。

青云桥为上东西天目分路之处，先上何处须预定。

天目山诗

过余杭

半日航行三十里，树青水碧雨余天。桑田万顷垂垂秃，知是蚕家已大眠。沿路皆桑田，时国历五月间也

入临安

既入临安境，登山已半程。水清自有意，山好不知名。野鸟随风语，杂花夹路生。群峰四围绕，烟散晚来晴。

至西天目途中

独步逢樵子，吾惟问道忙。亭亭桑叶绿，处处鹃花黄。路绝因山转，桥高备水狂。临安多溪，有水患，故多高桥。人行丛树下，点点漏斜阳。

西天目禅源寺

既入山门三里远，巍峨古刹始登堂。名贤已往无遗迹，梁昭明太子参禅于此。老衲时来话旧章。老衲能和六十五岁，能书，善画梅。千级崇阶常却客，由寺登老殿，有石级，凡十里。由老殿登龙王井，无石级，故客多不上。七围大树可称王。老殿右下半里有大树，予等实测之，周围三十九尺，则直径当为十二尺。清圣祖曾封为大树王。听泉至乐还看竹，西天目大树不知其数，此外听泉与竹为佳。

小坐亭前万事忘。

偕王仙华孔大赉登莲花石座

穿云驾雾登老殿，参天古树四山遍。拙劣竹舆不适人，弃舆徒步至利便。俯视白云山下生，须臾身在云中行。相离咫尺不识面，扶树暂息忽又明。在此餐云有余饫，僧言尚有妙高处。峰头错出似莲花，如欲探奇请前去。三人诺诺表同情，高下曲折里许程。路窄石湿苔痕滑，失足下堕魂为惊。山僧昂然下坡走，坡尽即到天门口。两壁中辟如一门，云烟漫漫蔽前后。莲花石在天门旁，五瓣向天似莲房。瓣瓣平分惜无蕊，仙华猱上立中央。此间的是神仙境，大赉丞丞摄其影。吾人安见不谢花，唯有此莲永在岭。三千大千何纷争，莲花朵朵渡众生。佛即是花花即佛，故历百千万年无变更。

西天目观大树

我来看大树，其大莫与伦。叶密蔽天日，枝高插星辰。干围四十尺，当是千年身。藏之名山间，劲节自绝尘。愿为稀世材，不作委地薪。虽多征逐辈，往来亦问津。或则封为王，或则称为神。依然漠漠无所动，乐此山中秋与春。是乃招提感应物，烟云雨露风霜冰雪相为因。借问世间名利客，一生几见百年人。

昭明禅院老僧圆觉索书畀以二十八字

本是黄山脚下人，老来在此托孤身。烟云万变等闲过，不染人间一点尘。圆觉歙县人，两任东天目昭明寺住持，一任西天目禅源寺方丈。论劳绩得退隐昭明禅院。

东天目昭明寺失寐纪事

天末大风夜半起，呼呼之声入吾耳。好似雨随大风来，吾愁此游将中止。风伯忽然辟窗门，破我好梦惊我魂。关窗关门

恐不及，但闻室外千军万马奔。转身登榻拥毯坐，若明若灭
一灯火。此时举室睡正酣，耳聪目明只有我。正在无聊静默
时，瞥见窗外电光驰。轻雷隆隆似伐鼓，不在山上在山隈。人
道山雷似婴泣，<small>见袁宏道《天目山游记》。</small>此说不可太固执。我
生偶尔入山来，水声以外风声雨声雷声得交集。佳游胜侣不易
逢，羁旅云山几万重。唯祝彼苍明日放晴旭，俾我一登绝顶大
仙峰。

东天目观瀑

我生好游山，尤爱观大瀑。匡庐马尾水，敷徕西溪屋。
加以晋祠泉，差幸多眼福。及今初夏时，更上东天目。高岭
越三五，始达钟楼麓。轰轰疑雷鸣，匹练挂峦腹。垂虹桥上
立，水点溅衣服。白光闪眼帘，掩映万株竹。不在江海中，何
来此怒狀。曲折凡三叠，修短互征逐。明珠向空洒，奚止万千
斛。幽居深山里，羡尔能慎独。饱观大千界，变迁几陵谷。滔
滔无穷期，云雨多翻覆。愿尔发神力，洗净诸黑幕。尔为明眼
人，当笑抑当哭。<small>时奉直战争忽起。</small>

钟楼题壁

七八篮舆似跃龙，西峰迤逦到东峰。不知来自风尘客，得
听云间几下钟。

月下登钟楼峰远望

皓月当头挂，今宵别有情。风来铃语响，云淡火光明。峰
上孤星落，林间两鸟鸣。石阶跰足坐，何异在蓬瀛。

钱武肃王墓

<small>五代钱镠临安人，志载其称王后还乡，盛宴父老，山林皆覆以锦。
今墓在临安县署东首，予游天目两过之。</small>

墓门近附县衙旁，父老争言武肃王。覆锦山林何处是，离

离荒草落斜阳。

吊古一抔留故土，称王半壁说前朝。强弩百辈今安在，江上秋来多怒潮。

以上十一年五月作

庐山记

　　自山西省城乘正太车至石家庄，换京汉车直达汉口。越二日，在汉口乘招商局江新轮船赴九江。时民国八年十月二十九日也，晚九时半开行，三十日早八时已到。将行李置江边新大方栈，即偕广东叶湘南、甘肃水楚琴、王任之三君至庐山运输公司事务所。距旅馆不过数百步，购登山汽车票。自九江至莲花洞汽车分三等：头号每辆坐八人，二号五人，三号四人。每人一元三角。以余等人数正合三号车，适三号车在修理中，遂以五人车资买二号车票。但汽车站与事务所隔离，复登小划船行于新开河。半小时始达，须给小洋二角。十一时至莲花洞，凡二十五里犹是山麓平地也，改乘山轿。四人肩之，计洋一元四角。至牯牛岭凡十八里，须三小时。如遇雨，轿夫每人加酒资一角，挑夫每名三角半。乘舆将起而雨至，既为板舆木杠，又无篷帘，不得已向舆夫或乡人租借雨伞。每柄有多至八角者。若不预购事务所之山轿票，则至莲花洞有乡人之藤舆可乘，较为安适。登山后道路宽仄不等，旋绕而上，左顾右盼，皆为云烟。时或雨止，则苍翠万千罗致眼前，虽局处斗舆，不胜凛冽，而心神为之大快。午后三时至牯牛岭之云天旅馆，衣履尽湿，气候又冷，炽炭围坐。馆主梅振辉为谈庐山胜景，刺刺不休。片时酒肴并陈，皆可口。饥寒之余，乃庆温饱。是馆去年落成，房屋新洁，被褥柔软，唯膳宿每客日须三元。出游之时，不膳不宿亦照算，则工于牟利矣。晚间无事，但闻风声雨声撼山震屋，咸以明日不克游览为虑。各吟咏以消遣。十一时睡。

庐山周围五百六十里，属九江星子、德安各县。牯牛岭为中外人士避暑之所，简称牯岭，俗称租界，当九奇峰之东北。北为马龙潭，东北为莲花、双剑诸峰。

三十一日午前九时，乘藤舆游山，过租界。此租界之历史，吾友黄任之君曾详述之，与吾所闻同（见黄炎培《考察教育日记》第一集）。唯任之到时，西人建筑仅三百幢，今已七百余幢。鸠工庀材，经营未竣者随处见之。俄租界则独为一区。闻当时有一俄人，不守租界公约，为各国所摈，遂要求官厅另辟新界。此则任之所未及也。过城口，女人城之口也。山间何来城、何来口，盖庐山之一壑耳，又名女儿城。问其故事无知者。中部群峰屏列，石齿齿作青绿色，遥望似女墙故名。其两端尽处均称城口。泉流乱石间，舆者步者践乱石而过。旁有平地一方，相传为朱太祖操场。

过大根山，甚高。夙称庐山最高为汉阳峰，在大根视之不相下。舆夫则力言大根为最高。饱看五老峰之背，两峰若离若合，成一缺穴是为狮子口。俯瞰鄱阳湖，苍翠万顷。有时云烟大起，则是天是水，几不可辨。右为白皮山及汉阳峰，宛如双髻。北望长江，蜿蜒一带。

恩德岭舆夫呼为绊节石。乱石或耸或伏，或锐或断，或摇或滑，极崎岖之苦。下舆徒步里许，栗栗危惧。左足与石触剧痛，知不敌，仍登舆。升则全身仰天，降则足抵舆，手扼椅，仍有颠仆之虑。舆夫言：吾辈最畏经此。信然。

三叠泉在九叠谷内，亦称三级泉，又称水帘泉。泉下注磐石，三叠而后至地。故名。发于大月山，经五老峰后面始落，忽有大磐石承之，似已中断。是为第一叠。水为石阻，湍激四散，水珠飞溅，光闪闪如电。其聚者复越石下泻如匹练，又有大磐石承之，似又中断。是为第二叠。自此以下，水面稍狭实未狭也，行于石隙为石缘所掩耳。下注龙潭，声如洪钟。立会仙亭前俯视之深不见底。由路旁曲曲下行，伫望第三叠实至长。其下有观音岩、观音洞、仙人磨。磨在岭上，二圆石相叠如磨。观音洞亦称祖隐洞，有"竹影疑踪"题额。俗称朱太祖牧羊于此，遇神仙老母为造饭。及还已不见，故题此四字。而志称邓旭书也。

会仙亭又名东方寺，旧为方永茂修建，茅庵三小间耳。戒衲应璜奉其母居之。时适应璜担柴山间，母亦尼也，态虽龙钟尚能为舆夫煮饭，为客煮茗。余等到此，已午后一时，出面包果腹。此地上通牯岭，下达江滨，且有三叠泉之胜，亟宜创复屋宇，以供游息。

十一月一日，即己未重阳。晨七时半乘舆行，过英租界猴子岭俄租界至含鄱口。

含鄱口俗称虎门，两峰竞立如门。右峰为含鄱岭之巅，左为太乙峰，正对鄱阳，峻削翕合，有吞湖之势。故名。出口下降，石级整齐。民国七年，柯凤巢、关鹤舫等所集资修筑者，长八千四百七十英尺。舆夫言：未筑以前，崎岖难行，与恩德岭一带同。诚无量功德也，幸有善士踵而行之。俾后山亦平坦如是，则观三叠泉益便。放眼遥瞩，长江泛潋如一线，鄱湖清澈如片镜。峦光帆影，与波涛相戏，不知寄身何所。过欢喜岭，有一亭亦以欢喜名。在此观对山大瀑，银河倒泻，抑若几十百丈，滔滔声自远而近。此为登五老峰大路。构亭于此，乡人居之以茶汤供客。又上二里为寨口。

过鄱口南行至栖贤谷。庐山之谷凡三，栖贤最大而幽。沿路林木蓊郁，白茶花盛开。野人源等水会为三峡涧，曲折而行。大小支流九十九，皆入涧中。谷多大石，崆崟错结，水渗石隙如闻雷霆。倚山奔流，忽有巨石横阻，水益汹涌，驾空飞泛历十余丈，落而为潭。潭面皆腻石，稍纵足即溜。其极无底，是为玉渊。穷水之变，得栖贤寺焉，寺以李渤读书得名。右附竹岭，前对五老峰。屋宇已破旧，旧藏五百罗汉图仅存数幅，玉佛已失。越三峡桥亦名观音桥，踞三峡涧上，宋祥符七年建。桥下有大石，镌"金井"二字，马朋书。又一石镌"三峡桥"三字。有石梁横亘涧上，俗称棺材石，约长数丈，方而平坦。其埭有慈航寺，前有"天下第六泉"一亭蔽之，即招隐泉。泉出石龙口中，注于三峡涧。

过码头为右往南康左往白鹿洞之大道，行于麦陇间饱领山乡风景。而五老峰随处为缘，或近或远，或迎或送，绝无云烟迷掩，面目逼真。昨日所见为其背，今日所见为其面，益觉并肩伛偻，笑容可掬。其一曰狮子峰，亦颇形似。志称五老峰下更有五小峰，曰狮子、曰金印、曰石船、曰凌云、曰旛竿。吾细察之，耸立者大小凡七八。孰为五老，孰为五小，问之舆夫，则曰不知；问之山人，则亦莫辨。东北为九叠屏，又称九叠云屏。

五老峰坡坨南下，忽起一山。而四山环之，是曰后屏。白鹿洞书院在其麓，唐李渤读书于此。贞元中渤与其兄涉偕隐，养一驯鹿为白色，出入相携，人因呼为"白鹿先生"，称其居曰"白鹿洞"，创台榭以张之。南唐升元中始建庐山国学，宋淳熙间朱熹守南康，重事修建，去官讲学，洞名藉盛。今之游者，往往知朱而不知李矣。清代改白鹿洞书院以课士子。院前有坊，题"名教乐地"四字。屋凡数十楹，曾设江西高等农业学校。民国初元，因乱迁省城。闻明年仍须移此。现设演习林事务所，为林业学校所办。余等既至，邱君佐虞出招待，德兴人，字仲衡。并言演习林有地二千余亩，每年有毕业学生二班来此演习三个月。设主任一，技士兼管理员一，司事一，工人二。每月经费二十五元。技士月薪由校给。已种树五万株，每年可获利三百余千。每年造成五万平方米（五公亩）地之广叶杉林，又苗木五万株。造林季节，以阳历二月为标准，三月十五以前完毕。成立已五年。院之右为礼圣殿，朱晦翁捐钱三十万建之。明正统中重建，易名大成。圣像及四辅十二哲像，均今年新修，东西二庑完整。礼圣门外左角有屋一间，当科举时代士子争居之以祈梦，近改土地祠。门前有半月形之小池。右入为启圣祠五间，前院有紫阳手植桂，实早枯萎。新植者尚未发达。中为延香亭。吴昌瑞集联云："有亭翼然，此得佳趣；居士闲否，我思故人。"更入为报功祠，凡有功于书院者皆祀之。孝子祠祀邵尧夫。御书阁空无所有，旧书已移往省城另储之。后为朱子祠亦有像。更后为鹿洞，相传李氏之白鹿葬此。为洞如城阙，壁间立"白鹿洞"三字碑一，石鹿立中央。志称白鹿洞有名无洞，正德后官吏特辟之，已属附会。复以石为鹿，可谓拙矣。洞顶为文昌阁。有联云："鹿豕与游，物我相忘之地；泉峰交映，智仁独得之天。"并有"学达性天""洙泗心传"等额。左入为文会

堂五间，春风堂五间。紫霞真人编蒲书《游白鹿洞歌》。咸丰
十年曾省三携旧拓本勒石六，今置文会堂后廊。一石已断，
亟宜保存。门外为贯道溪，其水自凌云峰来，经书院东流出
峡。溪上有贯道桥、枕流桥，隔溪崖上有魁星阁，为高道亭旧
址。钓台石在溪北，前植"五老峰"三字碑。其对面鹿眠处为
一石洞。邱君言旧有亭榭九十有二，今所存者仅得零数矣。此
间以朱子关系，山木院宇之名类皆采辑经义，而题字之为朱子
手笔者颇多，如"漱石枕流""鹿眠"等处皆是。

由鹿洞直达海会寺，慕西上人出迎。慕西释名智明，导
观一周。比卢殿甚完好。藏经楼新建凡三层，面对鄱阳湖，
后对五老峰，地位极佳。客室二三亦清洁。慕西示以普超和
尚刺指血书《华严经》八十一卷，色殷然，始终不懈，苦行
有如此者。普超释名觉禅，又字了尘，江西戴氏子，宣统己
酉圆寂，仅四十七岁。元赵子昂书绘《妙法莲华经》《普门
品》，金书金画，书不类吴兴笔，而画则甚工，亦自可宝。
心月和尚手镌五百罗汉像拓本，则易得之物也。寺建于至善
僧，普超继之，而清虚而慕西方四传。故在庐山为新资格，然
经营不易，住持不俗，实游客最佳之旅舍也。

十一月二日，早八时乘舆行。九点五十分至万杉寺十五
里。寺在庆云峰下，故庆云庵也。宋景德中，僧大超手植杉
木万株，天圣中赐今名。后山上有巨石四方，高一丈，阔六
尺，镌"龙虎岚庆"四字。别一石镌"槐京包帛书"五字，
纵横亦有二尺。门外樟木干霄。有一干五枝并生者，为五爪
樟。其他三爪二爪尤多，皆千百年物也。由此三里至秀峰。

秀峰寺古名开先寺，在鹤鸣峰下，李中主璟所创。黄庭坚
记寺屋无虑数百楹，穷极壮丽。后山半有读书台，或谓李中

主建，或谓李后主煜从父徙豫章，筑书堂于鹤鸣峰，此其遗址。确否无事深求。至谓为梁昭明太子读书处，似误矣。有米芾碑清晰可读。寺前五十步为招隐桥，稍近有聪明泉。右行约二百步至青玉峡及龙潭，四围松杉枫柏，苍翠掩映，饶有风致。双剑峰、香炉峰、鹤鸣峰、龟背峰皆在望。于此有两大瀑，东北在鹤鸣、龟背间者曰马尾水，西南在双剑之左者曰瀑布水。马尾自窄狭之崖口奔注，散为数十百缕，形似马尾，贵为一瀑。瀑布水自峻岭来，有巨石扼之，势益猛，气益盛，滔滔下泻，直有不破地壳不止之概。然经双剑峰之背，忽汇于邃谷，绕出双剑峰之东悬挂数十丈。东北与马尾水合流，出两峡而下注于大池，轰轰如万人鼓。后人名其峡曰青玉峡，名其池曰龙池，俗称龙潭。潭色碧如练，石子如螺，深不可测，神龙时来居之。实则云水变幻常现奇景，致疑为龙。虽然庐山观瀑，此当首屈一指，与三叠泉不同也，崖上古今名士题字殆遍。更南下有小池曰浴仙池。十二时半到归宗。

归宗寺在金轮峰，晋王羲之守浔阳，揽胜庐山，卜宅金轮峰下。时有西域僧佛驮耶舍持佛舍利来，羲之重其德，因舍宅为寺以居之。寺壮丽，甲于山南诸刹。藏经阁为万历间释果清重修。寺左为万寿行宫，门内有墨池，乃一方池耳。水黑而秽，相传为右军洗墨处。金轮峰顶有铁塔，相传为佛驮耶舍负铁于峰顶所成，以藏如来舍利。一竿直影，摇曳云霄，不易得之点缀物也。住持修竹出示十八罗汉手卷，浅金细描，不知谁氏手笔，较海会所藏金身罗汉稍逊。四时至温泉。

温泉在柴桑桥附近。平地两泉塘，周径各不满五尺，一温一沸，既不可浴，又无亭榭可憩。去归宗五里而遥，殊可不观。其东为经台山，即谢灵运翻经处。其北虎爪崖，下为栗里，即陶渊明故居。访醉石，乡人皆不知。罗洪先《栗里诗》"山气佳如昔，居邻问不知"与有同慨。志称去柴桑桥一里也。回宿归宗，招待不及海会远甚。

十一月三日晨六时半起。八时行，过张家岩有瀑甚长，声甚大。归宗至张家岩十五里，再至牯岭三十里，凡四十五里。夜雨初霁，山气弥清。庐山多雨，吾辈此来往往夜雨而日晴。舆夫及逆旅主人，皆羡吾天缘不置。

天池寺在天池山。寺内殿前有池，仰而上出，泉流不竭。白鹿升仙台在天池山东北。龙角石在道旁黄龙寺内，有藏经阁，有古树。是皆距牯岭甚近，三小时即可游竣。

十一月四日。晨九时下山，二时至九江新大方栈。翌晨乘轮归沪。

今之游匡庐者，必先至牯岭，以交通便旅居适也。但牯岭糜费至多。慕西为言：自九江至长家坡、吴章岭三十里，又至王家涧二十里，再至海会寺十里。二人肩舆仅二千文。宿海会徒步游览既竟，始至牯岭一日即可下山，省费不少。盖牯岭旅馆日必三元至五元，加以舆资及杂费已十元左右。海会膳宿日给五六角即足。修竹为言：自九江乘南浔铁路汽车至马回岭，仅二小时。行至德安县雇轿至归宗五十里。或先至海会，再至归宗，均较直达牯岭为省。姑志于此，以为后图。

近悉庐山租界已交还我国自主，民国二十四年小除夕日双方在庐山图书馆签订协约。至一切情形亦大非昔比，阅商务印书馆庐山指南，便可详悉。二十五年一月注。

庐山诗

登庐山

十年梦想今方到，面目清奇自不同。滑石层层伛偻上，危岩列列转旋通。千重壁下数条瀑，万绿丛中几树枫。只见云烟迷眼底，不知何处是苍穹。

牯岭云天馆雨夜醉歌

既回太原道，复约庐山游。随山通汽车，随水乘汽舟。奔波二千里，旦暮不肯休。重阳前两日，已登云天楼。道中何所见，高峰又深沟。峰高碍霄汉，沟深接田畴。泉声似洪钟，短瀑垂垂流。尤爱秋林色，到处红绿稠。馆中何所有，华屋骄公侯。枯肠已辘辘，顷刻珍羞投。狂风逼肌肤，炽炭顿温柔。明灯仅高卧，钢榻张罗帱。如此山中人，俭朴何从求。为问同游者，毋乃太奢不。语罢仰天叹，寒酸故态留。落机在西美，瑞士在西欧。小巫见大巫，培塿侍山丘。陇右水与王，金县水楚琴、陇西王任之同游。不日鸣远驺。仁智各所见，届时当置邮。矫矫粤东叶，东莞叶湘南好吟诗。好吟拟诗囚。为道桂林景，倏辨薰与蕕。谈笑几绝缨，把酒润枯喉。忽忆京华蒋，年来竹庄约游五台未去。胜境遍勾留。时寄游记来，并曾为我谋。更悲子陵裔，去冬严练如约今秋游庐山，今已去世。有约未与俦。或在白云端，听我作长讴。菀躬感沧桑，傲彼一飞鸥。欲高则天际，欲止则山陬。及时行乐耳，富贵如云浮。我惟祈彼苍，速将宿雨收。我复求山灵，晴光豁双眸。准备杖和屐，一探此中幽。不然频年梦想真面目，失之交臂非吾俦。今宵有酒今宵醉，明日放歌五老之峰头。

观音桥下

鹿洞探幽去，行行十里遥。玉渊通曲洞，金井架长桥。五老回头笑，七贤抚掌招。平畴千万顷，麦种已成苗。

白鹿洞书院

林泉胜境本来贪，游兴何如今日酣。白鹿长眠留古洞，苍龙列阵拥晴岚。时人不识李宾谷，过客但寻朱晦庵。世道衰微谁讲学，昔贤俯仰信无惭。

海会寺与摩西上人夜谈

孤寺凭依五老峰，诛茅更种万千松。思清共玩前窗月，语次频惊隔院钟。我亦读书惭古士，君能觉道继高踪。上人为普超之弟子，普超能书画，有血书《华严经》八十一卷存寺中。明朝又向归宗去，一夕因缘岂易逢。

重九登含鄱岭

晋阳望月此登高，今岁秋风作客劳。遥忆南兰有予季，茱萸虽插亦牢骚。时二弟在京，三弟在沪，四弟在徐，仅五弟在里。

归宗寺

丛林诚首屈，风景亦天然。铁塔一竿直，金轮四伞圆。墨池留污水，寺旁有王右军洗墨池。栗里尽荒烟。栗里为陶渊明故居。乡人指一村落当之，不知是否。晓发白莲社，朗公霁色妍。朗公为高僧，今作山名。

庐游余咏

潇潇夜雨诘朝晴，如此天缘感莫名。每到山林生异趣，既归尘市苦凡情。精粗温饱身随便，上下颠危心太平。若问来年买游屐，南辕北辙待权衡。

以上民国八年十一月作

晋祠记

民国八年十月，赴第五次全国教育会联合会于山西。既抵省询附近胜迹，咸以晋祠对，距省城四十五里，在太原县西南十里之悬瓮山麓。乃于十九日结伴往游。先由李君伯仁俞君镜清为雇骡车，备馍粮。瞿君锡庆导之，八时发桥头街，出大南门。道宽广而不修，一骡马曳笨车得得而行。泥中轨痕如小沟，高下二三尺，轮转其上敧侧欲倾。南人视若畏途，北人安之若素。虽然路政为治国之要务，交通不利，教育实业莫不被阻，可不急图改良哉。过汾河两岸泥滩数十丈，水涨则河，水退则滩。时入深秋，河已涸，中流仅丈许。架草桥以为，桥面不五尺。车难平行，彼岸车来则大呼，此岸之车待之。此岸车往亦然。时或车行水中，过沙河，则水尽涸已成平地。不过两堤如高垣，河道宛然可证。水至则乘舆以渡，乃寻常事也。过太原县城外，城垣尚整。更十里，即达晋祠。

晋祠，一古祠也。而镇以祠名，负悬瓮山，据晋水源。《山海经》云：悬瓮之山，晋水出焉。周成王九年封弟叔虞为唐侯，地在晋水阳。相传桐叶封地故事即此。其子燮以晋水故，更国号曰晋。既入赵氏曰晋阳，智伯决晋水灌晋阳即此。《魏地形志》：晋阳有晋王祠，北齐天保中大兴营建，遂为北都。《北史》：后主天统五年，改为大崇皇寺。唐高祖起兵祷于此，既定天下，立碑颂德。太宗复自为铭，书而刻之。晋祠之名以盛。然祠祀叔虞，不知始于何时。宋天圣间，建晋源神祠，祀邑姜，唐叔虞母也。盖晋祠之初仅祀叔虞。宋代祷雨辄应，因封邑姜为水神，熙宁中加号"昭济圣母"。明洪武初，复加号"广惠显灵昭济圣母"。四年，改号"晋源之神"，奉之正殿。叔虞封汾东王，庙居左侧，而南向。是知子为母屈矣。邑姜为十乱之一，齐太公望女。叔虞之封唐也，亦发梦于其母。后人因子而尊母，宜哉。碑文之辨此事者不一也。

入景清门，有殿三间。后轩额题"水镜台"三字，更进为金人台。就院之正中筑台成平方形，纵横约各二丈，即古之莲华台。民国六年重修，一小方亭据台中央，内置金身神像。四隅有金人四皆铁质，俗呼铁汉，盖镇水金神也。各高七尺许，一立西南，一立西北，为宋绍圣四年五年所铸。一不明年代，一为民国二年所铸，志称一立东北，弘治间铸。一立东南，宋政和年间铸。然则余所不石明年代者，即政和间物，弘治所铸，不知毁于何年。而民国初元，乡人士特补之耳。就其工艺比较之，绍圣所铸，奕奕有神，质亦纯洁，非近铸者所能同日语。岂艺术之退化耶？抑工费有丰啬，致品物有精粗耶？金人台之右空屋三间，额题"大观在上"四字，后题"栖云"二字。左为清华堂三间，更进为万古流芳之巨坊。又进为献殿，额题"灵源广润"四字。左右有钟亭，其一有古钟，其一则空焉。献殿之左为一鉴居，及偏殿三间。

正殿七大间，门阙岩然。前半廊庑宽宏，明清两代碑碣林立，文武泥像，对立檐下。八柱金龙盘空，极飞舞之致。后半屏门严扃，正中为圣母神龛，古装雄伟，即邑姜。左右侍女六，亦偶像。殿前院中为广平之石桥，左右桥柱题"鱼沼""飞梁"各二字，泉流于下。殿前松槐皆十围，古柏数株。周景柱碑记指为隋唐物。其一在苗裔堂前，势若卧龙，根干贴地横生，坚劲如石，肤理纽蹙，若吴道子画衣缕状，姿态最奇。壁有傅真山题"晋源之柏第一章"七字。其一在飞梁之右，双干并茂。每干又直出三四株，亦复可观。《县志》载庙院有古柏一株，相传为周时遗植。问之老道，则指殿前四株皆为周柏。但以真山"第一章"三字味之，尚有第二章、第三章可知。历时三千余年，《县志》之一株无确证，老道之四株亦未可尽非也。

晋祠以晋水发源名。而水源实发于两亭之下，亭皆八角式，嘉靖间重建。在右者为难老泉，在左者为善利泉。难老泉并有"晋阳第一泉"之题额。宋公乘良弼有记云：难老泉源晋祠下，走平陆，十分之。故浚其源为十。穴庙垣以出，其七分循石弦而南行。内一分半面奉圣院折而微东，入于郭村。五分凑石桥下，入晋祠。特又支出者半分，东南入陆堡河。其三分循石弦而北行，通圣母池，入太原故城，已而皆会于汾河。余尝详察之：泉源自善利亭下过石桥，通难老亭之下。昔人甃石如巨井，其下必有机激之，故泉于此汹涌而出。复甃石为塘，壁题"石塘"二字。或以水清可鉴，又名清潭，俗呼金沙滩。塘内有长短二堤，高约尺许，纵横相接。长堤之下凿孔十，水自源处入塘，穿孔而流，激越有势，汩汩有声。而此十孔中，七孔为一列，三孔又为一列。短堤之起点，即阻隔于此七孔与三孔间。出自三孔者，水势向北。出自七孔者，水势向南。与良弼所记尚合。水之深度，固溢堤而过。而南北分流之势，不难辨之。天然事理，有至趣存焉。水清而温，终岁不益不涸。有长生藻，苍翠点点，摇曳水中。水愈深，色愈艳。真趣亭翼然跨泉上，形正方，空其下。石阶整齐，历十五级。得方丈平地，即至泉旁。是为石梯口，又名洗耳洞。赤桥村人以造纸为业。每逢春秋二季，北河水涸即来此洗纸，为利亦大矣。志称去庙三十步为流杯亭，跨泉上。后或易名小兰亭，今皆不可见，殆即真趣亭旧址耳。是为晋祠最胜之地。徘徊其间，可涤俗虑。余坐亭上摄一影，自题"听泉真趣"四字，以为纪念。

水晶宫在晋源之上，为殿三间，祀敷化水母。或谓即《县志》所称女郎祠，宋天圣间建。右侧由石级登楼，中有女神，前立女像六，似土俑，服装奇古。或又谓水母，即邑姜，此其寝宫耳。是非不必详辨也。

水晶宫旁为公输子祠，三间。又台骀庙，三间。初为高汝行建，后为东庄高氏累次重修。昔子产语叔向曰：金天氏有子曰昧，为元冥师。生允格、台骀。台骀能业其官，宣汾洮，障大泽，以处太原云云。所谓大泽，即环东庄之一片水。后人思其宣障之功，祠以报之。建祠始于高汝行，故由高氏世掌其事。

苗裔堂在正殿左侧，周柏荫其前。由此历磴道五十三级，至朝阳洞。左入为开源洞，有待凤轩三间。柱有联曰："桐叶自当年剪得，凤凰于何处飞来。"更西，升磴道十七级，折而上，复二十余级至三台阁及读书台。其右为朝阳阁，祀纯阳帝君。读书台为嘉靖二十七年高汝行所建，又名伴松亭。于此俯望，古树参错。昭济庙金碧峥嵘，均掩映树间。真趣亭之外，此为眺赏最佳之境矣。待凤轩、三台阁、读书台均可宿，但必自携卧具。尤以待凤轩为佳，可免磴道之跋涉也。

唐叔祠大门三间，正殿三间。庙貌尚新，但不及圣母殿之庄严，亦有像，俨然古衣冠。无锡杨模有柱联曰："吾祖我知之，慎无志阙革载甲，密须记鼓；文皇今安在，犹想见龙兴晋水，麟斗中原。"廊下有《重修汾东王庙碑记》甚高，为至元丁卯所立，亦七百年矣。

关帝庙正殿三间，壁上遍画《三国志》故事。如诛凶、初会、结义、斩程远志等数十方。每方三四尺，各署画者姓氏，颇工整，似非百年内人手笔。后院为玉皇阁，极高。磴道二十余级，阶而升，聊可望远。墙外为恭襄公祠，祀明吏部尚书王琼，初名晋水贤祠。

唐叔祠前有屋三小间，内置唐太宗晋祠记碑，高丈许，字已不全，并不清。傅青主有记云：余少时见摹拓极精，后少模糊。有妄男子镌而深之，颇失其质。朱竹垞亦云：后益漫灭，殆不可辨。余令老道拓数份，每份银十角。然苦不可卒读，幸其旁有乾隆庚寅杨堉所购旧拓本，摹钩一石，与原碑并列，并拓之。人呼此为新唐碑，但精神全失。由此观之：旧唐碑虽残缺不完，实国宝也。乡人士亟宜为龛以藏之。不然，老道借以牟利，攀抚失检，必致断碎，可不惧哉。

文昌庙在水镜台之右。松水亭在清华堂之前。栖云楼后面隙地，有大树根一，围可五人抱。去年夏被雷火尽焚其内，徒留外皮作圆圈形。但旁出新干，绿叶参参，高亦丈许矣。老道为言：此为唐槐。唯《县志》不载。余向于泰山见唐槐，甚郁茂。今又见此树，亦有幸有不幸哉。新枝旁苗，喜其复生。而植根不固，不其殆而。

由晋祠侧门出，不半里，至奉圣寺。南唐武德五年鄂国公尉迟恭礼释洪公捐别墅倡建，迭毁于火，明洪武二十四年重修。内刻唐李德裕为张宏靖祭叔虞文。前院有盘龙松，蔽荫满院，姿态清奇。旁院有舍利生生塔，隋开皇年创建，清乾隆十三年重建。院壁镌杨二酉记甚佳。塔院有晋祠镇国民小学校义务学校一所。

余等于午后一时半始至，即分择三台阁、读书台、待凤轩三处为宿所。饥肠辘辘，出馒首啖之。既而老道煮粥一盂，气香而味腴。乃置室之中央，十余人围绕同食。碗箸迭响，匙碟并用，一种愉快之态，笔不能述。郑君心南谓此共和精神也，邓君芝园乃摄影以志之。餐毕，同游全祠，日入而返。连床并枕，笑话杂作。余与湖南何君迥程、方君小川同榻，夜不成寐。但闻狂风怒吼，窗纸瑟瑟作声。

二十日晨起，同游诸君分乘骡车先归省城。余偕瞿君由老道引之登山。诸峰童然，绝无蹊径，攀跻以上，皮履着石而滑，屡倾仆，老道挽之。山巅旧有望川亭，已圮。傅青主题"望川遗迹"四字于石。更上欢喜岭结细山，皆有傅氏题字。踞石稍憩，昂头四望：既无亭榭，且乏林木。但闻淙淙之声，自远入耳，殆晋源之泉，发于山而注于地也。老道指前面一峰曰：此为方山。余以时促不复前进。十时下山，乘骡车回。抵桥头街商务印书馆，已三时矣。山西省城，除文瀛湖外无可游览，晋祠相距不远，苟能修治大道，驶行汽车或马车，禁止旧式骡车，则此有历史地理关系之晋祠，实阳曲、太原两县人民绝好之公园也。

同游者：直隶陈宝泉筱庄，福建邓萃英芝园、林炯颖丞、郑贞文心南，浙江经亨颐子渊、计宗型仰先，湖南何炳麟迥程、方克刚小川，甘肃水梓楚琴、裴正端士亭，江苏陈懋治颂平、沈恩孚信卿、瞿锡庆；不期而遇者：奉天李树滋铁珊、吴景福介忱、李端葆、平敦亨、文质良及余凡十八人。①

---

① 计算似误，应为十九人。

太原诗

太原过中秋

偶逢佳节客中过，入晚声声爆竹多。明日家书无别语，异乡一样拜嫦娥。

今宵羁旅太原城，小小楼头望月明。梦醒惊看满床白，那能不动别离情。

晋阳道中

侵晓出城去，远山如画图。笨车劳转辗，周道等崎岖。禾稼丰收未，风尘变色无。相看莫相讶，互拍绮罗襦。

三台阁夜寐不成

古庙巍然晋水滨，残宵赖此寄吾身。平台耸峙百余级，败榻横陈三数人，枕畔幽思过去事，烛前强息未衰神。小川方君湘人今同榻。梦醒呼予语，仙境于今果问津。

晋　祠

桐叶为封诚戏语，崇祠亘古泽民生。清泉涌雪成河脉，丛树因风作水声。周柏盘根犹茂密，唐槐余烬认分明。毁于民国六年。金人赫奕皆缄口，谁把兴亡话不平。

娘子关

一关隐峙万山中，日落城头半壁红。地本无名传巾帼，天留此险付英雄。帝皇事业曾宣力，夫婿才华亦治戎。故老相忘谁氏女，我来再把实诗筒。

附录　沈信卿咏娘子关

杨花落尽李花开，红袖挥戈出将台。三晋风云曾变色，六朝金粉已成灰。江河此日成天险，夫婿当年亦俊才。一瞬隋唐春梦了，远峰眉韵锁苍苔。

开封诗

龙 亭

带河拱岳正朝阳，人去台空梦一场。依旧万家灯火里，有谁含泪说前皇。

潘杨二湖

　　湖在龙亭前，相传为潘美、杨业两家旧址。两家一善一恶，积不相和，故湖水亦有清浊之分，实则无所区别。唯中隔长堤，彼此不通，水清可鉴而已。

一湖不复两家春，清浊犹分未了因。莫笑旧闻无信史，波光可鉴后来人。

观赵匡胤卧像

　　像在开封老五龙庙内，系铜质。披衣卧地，赤一足，身有血痕，相传为战败逃走状。

胜败寻常事，范铜事所稀。半身何倒地，一足竟无衣。战况书难考，愁容尽入微。吾侪存古物，莫管是和非。

以上民国八年九月

京 华 记

（一）京师图书馆

闻之文明国各都市必有图书馆，以供国民之研考，或暇时之审览，为教育上一大事业也。清季，学部有帝国图书馆之筹设，时而请款，时而觅屋，久之无所成。适甘肃敦煌石室有唐人写经发现，学部闻之，饬甘肃官吏运京师。乃佳卷已为法人携之西渡，搜辑零屑，尚存八千余卷，聊复部命。部中得之，决设图书馆实其中，并杂购他种图书辅佐之。不足，调取内府藏书若干种，以符图书馆之名义。事稍稍就，征江阴缪荃孙为馆长，借广化寺偏屋以为馆，每月耗金至巨。京师归客为余言者不一也。比至京，亟欲入馆一瞻览。七月十四日午后，偕友人往。今馆长为福建江瀚字叔海，投刺相见，谈甚畅。盖自革命事起，馆费无所出，停闭数月。教育部既成立，委江君驻于馆，月拨费五百金以维持之。江君言：今一馆长，实兼前清时五人之职，而月薪不逮五之一也。盖前清时主持斯馆者，有总办、会办、总理、协理、提调等官，俸给月支，足迹则累月不一至。吁，可叹也。

江君导观全馆。屋既不多，卑狭而简陋，空气不充，决非适宜之藏书地。前进庋藏普通书籍，门扃未之入。入后进，则为善本珍藏室。正中三间，所谓八千余卷之唐人写经在焉。书架十余，有玻璃门，或且无门，每卷束以带，或束以草绳，一若无足爱惜然。曾展阅数卷，字迹有极工整者、极草率者、极佳妙者、极恶劣者。心中知为唐以前物，虽片纸只字，爱玩不忍释。纸张多裂痕及湿痕，然其质甚佳，历时如此之久，墨色毫未损退，即此可想见古时纸墨之精。有一卷，系魏太安四年之笔。缪筱山长馆时曾装潢之。其字如出女子之手，否则为学童之初习者，是则以时贵，非以字贵也。

馆藏宋刻本甚多，《陆忠宣集》《朱子大全》《文苑精华》《通志》等，皆卷大尺许，布面绫锦包角。每页中缝居中，页单不加衬纸，所谓蝴蝶装。其工致实胜于今之西装。然则西籍之制作法，实我国之古制也。《苏文忠集》字大盈寸，精湛可观，惜残缺不完。《后汉书》抄本，纸白而厚，字端而工，亦为可宝之物。此类皆内阁藏本。民国成立，始收入馆中。尚有《永乐大典》四十六册，现存国务院，亦将取来云。

他如清代进士殿试策若干。卷之大，字之工，虽为无用之物，更越数百年，便为考古家之珍玩，不可不好藏之。曩闻人言：清顺治太后下嫁摄政王。当时应试士子，多称摄政王为皇父。惜余未暇一检阅之。又见户曹章奏一册，系顺治元年九月之本。其内称摄政王为王，或称王上；述旨则称睿旨，下称启，而摄政王之批发则称令旨，其用皇上名义之批发则称圣旨。称谓之失当，有如此者。此等书籍，又考清史者之趣资料也。

嗟乎，石渠天禄，汉制无存。我国之有图书馆，由来已久。清代立四库，收藏颇富，且分置于奉天、热河、扬州、镇江、杭州，其意非不欲公之国民也。特其时士子困于帖括，不

遑及此。且藏书偏于古而略于今，不合进化之时世，致成天然
淘汰。今日之图书馆，岂可蹍蹈前辙哉。要当古今并重，好自
经营。不意以首都之地，而所谓图书馆者，简陋如是，是谁
之咎欤。德国官立图书馆，藏书至三四千万册。英美之图书
馆，亦动称千万册。每日入览者，恒数百人。而以京师图书馆
较之，将自居于何地。不设观览室，不见观览人，入门则隶役
慢客，入室则官气犹浓。吾知江君必有以改革而扩充之，然而
改革可期诸江君，扩充则非江君力所能独为也。

叔海先生语两轶事。当派员至内阁取书时，见一木箱，
绫锦包裹完固，以为必精本书也。至启视之，层层褫解，乃一
骷髅。噫，是为何人之首级，何以永存于内阁，又何以绫锦包
裹重视若此。是亦清秘史中之谈屑也。又见一木匣，启视之，
黄纸封固，上书"嘉庆四年封"数字。更展阅之，乃一御史上
清高宗之奏折。御史姓名，余已忘之。约略第一字为阿，内述
高宗之妃那拉氏卒于西湖某庵，应否请加封号。盖那拉妃当时
因事被逐，谪居湖上，削发为尼。既死，御史始为之请封也。
折尾有高宗御批，有"岂有无发之人而可母仪天下乎"之句。
其外所以有"嘉庆四年封"数字者，必嘉庆秉政以后，大臣又
以奏闻。嘉庆取折阅之，见高宗批词无可挽回，故封存于内阁
也。此又清秘史中之谈屑也。

（二）农事试验场（即万牲园旧称三贝子花园）

农事试验场，在西直门外里许。游人入门须纳铜元十六
枚。场为前清官立者。正室为客厅，两旁为办事所。其右为动
物园，珍禽奇兽，荟萃其中。略言之如下。

斑马二头，美洲产。躯干不大，有精神，全身黑白条纹，相间而成。　珍珠鸡大于常鸡数倍，羽毛有白点，几遍全体。故名。狮，二头。美洲产，毛灰色。狼，蒙古产，斑纹黑色及淡灰色。熊，纯黑色，是三者合置一六角亭，而中有壁隔离之。追风马，是马曾与武汉、南京革命之役。刘洪基君寄存于此，以为纪念者，身小而有精神。　梅花鹿本国产，别有印度产者，分地以居之，角较长。麋德意志产。　猿猴多种合置一八角亭中。　豹美洲产，黄毛黑纹。又印度产者稍小，纹亦略异。狮雌者非洲产，甚大。余见其往来不息，殆犹有不甘雌伏之意。此与豹分置一亭中者。　丹顶鹤二，东三省产。　枭，鹰，刺猬。黄鼠身大二尺，毛作金黄色，有微光。　绵羊西班牙产者二，英吉利产者一。有弯角，性驯顺。　麠仅见悬牌，及其睡室。不知尚存否。　羚羊美洲产，黑灰色，与马无大异。　野鸡白身而红冠。白绒毛鸡、广鸡均纯白，身较小。三者合居一室中。鹦鹉十七头，种类甚多。羽毛美丽，或彩色，或纯白而红顶，或黄顶，或纯绿而红顶，或纯红而绿顶，或淡红，或深红，或灰色。余不文，又乏记忆力，不能尽述之。别一室中，又有十余种。其名不一，列举如下：凤翎鹦鹉、粉颈挂线鹦鹉、麒麟鹦鹉、绿丁香鹦鹉、虎皮鹦鹉此种最小，颇类麻雀。桃红鹦鹉、白吕宋鹦鹉、绿吕宋鹦鹉、紫丁香鹦鹉、鱼鳞大红鹦鹉。

寒鸦（即白头老鸦）秋鸦甚美丽。竹鸡。　长寿
鸟身黑而小，嘴与足深红。尾长七八寸。　乌、八
哥、鹩哥黑身红嘴，顶有黄毛，分披颈上，无尾。

斑鸠灰色有纹，又纯白者二。鸽多种。　鹗目圆
而珠为黄色。瞳甚黑，形似猫，足三趾。鹰、枭共
数头，均有凶猛状。　红珍珠鸟甚小，又有青者。

白春鸟、鹩哥黑色，相思鸟、白头沉香鸟、花沉
香鸟、五色沉香鸟、紫沉香鸟、鱼鳞沉香鸟、芙蓉
鸟灰色及白色，龙凤鸟、紫背鸟、香姑鸟、白玉
鸟。　鸳鸯在院中，下筑小池，以供沐浴，并不美
丽。　象一头，高丈许，四脚如圆柱。鼻软而长，
卷草纳于口而食之。食时必颠簸数次，俟杂质落尽
而后入口。　火鸵鸟印度产，高二三尺，形似鸵
鸟。足高，颈红蓝色。　鸵鸟澳大利产，较火鸵鸟
尤高大，灰色。　五爪猪、银猪均白毛。

园之出口处，筑一水池，凡水鸟皆畜于此。其上幂以铁
丝，使不致外逸也。　白鹭、加冕鹭鹚，全身彩色，美丽炫
目。有淡黄色丛生于顶，不紊不垂。姝羽鹤、黑袖鹤，鸭，
鸥，鹅。

动物园出口处，有人力车，可乘之以游园。分园中为六
段，每段铜元七枚。左行有亭，船埠在焉。池中泊船有三
种，每种各有定价。荷花盛开，清芬袭人。

豳风堂临池而筑，风景颇胜。在此可以休憩，啜茗，进
小食。若鲜果，有葡萄，味甚佳。余在此购《农事试验场全
景》一册，计价三元，可谓昂矣。

牡丹亭四面皆廊，院中遍植牡丹，故名。

日本楼房两所，门扃不能入。室内几席皆日本式。

万字楼其建筑为卍字形，四面有门。

观稼轩为清帝后幸此观耕之所。实则当时臣僚阿媚语，无其事也。

自在庄为简陋之厅屋数楹，前盖芦棚，甚宽阔，可以茗坐。

温室玻璃为瓦，前后两区，满列花草，美不胜述。

咖啡馆在此饮咖啡一壶，牛乳白糖咸备，价二角。

来远楼不开，未得入。由此经长廊，为畅观楼。

畅观楼入楼须更买票，每人铜币十枚。楼为西式，宽宏雄壮，高两层。有一露台，高四层，踞全园最高处，登此则全景在目。楼中陈设精洁，壁间大抵为前清慈禧后御笔及当时臣僚书画，仳仳伲伲鲜可取者。楼之正面，有石桥，桥左右蹲两铜狮，口能喷水。闻此狮于开筑园场时，得之土中者。畅观楼之前，有华屋数幢，外植"游宾止步"四字，是为前清慈禧后游园时驻跸之所。由畅观楼对面，绕山上行。过镜真照相馆，更前行，经养蚕室、切蚕室、蓄桑室、蚕丝标本室、器械室，更有西式楼房数幢，封闭甚固，不知何用者。由此即出园矣。

园内荷花塘五六处，小舟可通往来。当余游时，花开正繁，但见红色，无白色者。园中陆地，遍植果树及谷类。其东为稻田、麦田、菜圃，其北为竹园、牧草场及黑豆柿圃、枣圃菊圃，其西为美术艺圃、麻地、稻田、海棠圃、葡萄圃，其南为桑园、苹果园。观稼轩南，为菜蔬试验场。

余于是场，窃有不可解者。谓其为农事试验场，则农事固未备也；谓其为万牲园，则动物亦未充也；谓其为花园；则又杂他种性质于其间。无已则名之曰公园，较为适当。园周七里，五十二丈四尺。东西长二里，一百三十五丈一尺，南北长一百四十三丈零八寸。面积凡十顷六十二亩一分七。噫，规模可谓巨矣。余以元年七月十日游览至此，披阅全景册中，尚有八蹄马、五腿牛、蓝面猴及虎。询之园丁，则云俱已死。或为余言：向者曾聘德人掌饲畜。光复后，经济困难，辞德人以华人代之。华人不解兽性，食料不知别择，任意为之致死者已不仅一二种。其然岂其然乎。或谓费虽裁节，未至不敷。司其事者，不无中饱。故外间有人食鸟兽食之语。嗟乎，斯园成立，曾几何时，而物类存亡，已令人触目伤怀。则后之视今，必有甚于今之视昔者。故特琐琐记之。

（三）孔子庙国子监

国子监在安定门内成贤街，古所谓太学也，往者士子入学读书之所。在直省曰学宫，京师曰国子监。学宫之官为教谕训导，国子监特设祭酒。士大夫一旦得祭酒，咸以为有师表天下之尊焉，今已属历史之陈迹矣。入门有矾石巨坊，石面雕琢为龙形，精细有美术观，饰以五色石，滑泽如漆，光可鉴也。中为正殿，殿九楹。堂途恢廓，闳闶崇高。棂阈之属，咸饰雕绘。而兽环沉沉，罳罘尘封，似久无人至者。有老人阍焉，询之曰：余在此久，第见其门设而常关也。问殿何名，曰是为辟雍。余恍然。记曰：天子曰辟雍，诸侯曰泮宫。辟雍天子视学之所。晚近世古制之可见者，唯辟玉食而已，其余恶在非名存实亡者。则是殿之长扃也固宜，环殿为池。池圆形，绕以石栏，平桥四达。左右列屋中树丰碑，护以木栅，不得入。阍者为余言：是为乾隆御笔之《十三经》。其后木主历历，皆孔子弟子也。国子监之东为孔子庙，规模崇宏，优于外省。大成门外有石鼓，为乾隆御制。鼓面篆文，清白可诵，左右各五，俨然鼓形。门内为周宣王石鼓，亦左右各五。其一已破裂，只存下半，略具圆形，殊不似鼓。文在四周，剥落不完。为木栅所捍，不得迫视。我国数千年文化之遗，禹碑而外，此其最古者，允为世界罕有之珍物。不组织博物院以保存之，而委弃于此，吾惧其将无鬼神之呵护也。大成殿昔为五楹，清季升孔子为大祀，改造七楹。工作才兴而革命事起，费绌工辍，完成无期。孔子之神位，则因改筑故，移置国子监一破屋中。孔道之厄，至今已极。有昌言保存者，有肆意诋毁者，有置之不问不闻者。其诸犹是宫室之在漂摇风雨中欤？前不见古人，后不见来者，怅触无艺，低回仰止，不能去也。

（四）雍和宫

雍和宫，在安定门内，为西藏喇嘛所居。喇嘛紫袍红带，足布靴，能操北京语。宫之建筑绝巨，红墙黄瓦，气象巍然。前为昭泰门，中为正殿，殿五楹。佛座前有景泰蓝香炉若烛台，高可七八尺，清乾隆帝之赐物也。两旁列罗汉十八，金碧炫目。唯殿宇宏深，终岁锁闭，有客则启，借取微利。故光线黝黑，微闻秽气。余屋皆然。旁殿有欢喜佛十余，玻璃为龛，垂以绸幕。揭视之，秘戏杂陈，殆所谓事事无碍者欤。有妇人裸卧，与一巨牛交，更数人伏于牛身者。有男女裸抱，而项间腰际悬人头累累者。壁间悬图，幕以黄绸。去幕审视，亦复如是，且多人与兽合，不知何说。游客欲观此，必更纳资。又必先扃户，而后出以相示。寺僧殆奇货居之也。诵经室中有钟磬鱼鼓诸法器，制皆绝巨。有铜喇叭二事，各三节，抽视之长丈余，吹之作狮吼声。殿后为楼，楼三层，中供如来，金身高八丈又二尺，自地达屋顶。别有达赖、班禅两像，金面而锦袍，谓是清乾隆时来中国者。寺有喇嘛千余，满清时由政府给粮，每人月一元。民国仍之。

呜呼吾游于雍和宫而有无穷之感焉。高屋抗云，巨栋凌汉，建筑之伟，今所罕及也。方圆殊形，金碧异色，陶瓦之美，今所罕有也。雕缕细密，绘画精明，美术之优，今所罕睹也。虽神鬼林立，傀儡充楹，而宗教遗风无损大体。况在昔亦有功于文化者欤。所可惜者，喇嘛为古民族之一。数千年来，政教不分，林林总总，习于无为之治，陷于无教之地。人皆进步，彼唯坐食。及今不图，将使希腊雅典复现于亚东。古迹仅存，聊供文化史家之研究。好古君子之流连，不亦悲夫。共和开幕，五族大同。喇嘛有心，必当协力翊赞，自居于共和国民之列，普及教育，振兴工商，以图自存。若犹伈伈伣伣，不顾世界之趋势，则不特喇嘛之危也矣。宫中僧人语予曰：吾辈居此已数世，往来者岁常千余人，月得微资，衣食不给。全赖游客之赏与，聊济日用。吁，二十世纪以后之世界，无事而食者，尚有容足地乎。吾固不愿斯言之验也。元年七月十四日志。

（五）十刹海

十刹海，即元之北海子，四围有十古刹，故名。余前赴图书馆，曾经其地，顷复一游。北方所谓池沼湖泊，在昔无大小之殊。海者，始谓池沼之大者也。东有火神庙，北有庆云楼，南有庆和堂，西有银锭桥。其他屋宇无多，庆和堂最新，盖庚子后所重建矣。海为大小二湖，有堤可通。大湖形圆，面广十余亩。蒔荷满中，红白相间。水面绿叶，临风低昂，错落有致。沿湖古木，苍然葱蔚。都人士常于夕阳欲下时来此纳凉。几案杂陈，履舄交错，清风两腋，苦茗一瓯，笑语时闻，怡然自得，洵可羡也。然都人士既知其地不俗，胡不鸠工庀材，稍事修葺，俾成一天然公园，以伍名胜。而乃台榭倾圮，道路不修，若无甚爱惜焉，此何为者。后海狭而长，宛似河渠，水至浅，灌木丛生其中。游人罕有至者。更越几年，或且堙为田畴。沧桑之感，今古一辙。此又其小焉者矣。

（六）陶然亭

予居南方，读邸报，闻之传述：北京有陶然亭，公卿大夫，骚人逸士，往往觞咏其间。耳其名也久矣。意为背山带水，风景清幽，具天然之胜概者。或亦喜雨之遗制，醉翁之流亚也。不然，首都之间，胜地棋布。彼公卿大夫，何地不可流连，骚人逸士，又岂乏啸歌佳境。而区区一亭，反足令人称道不置哉。既至都下，亟思一游。语僚友，辄被阻，心为异之，名不副实。人或如是，地亦尔耶。顾旅居月余，不遑暇食。行且南归，一日练如导往，研因、博纯与之俱。驱车出宣武门，道崎岖且潦。下车徒步，失道。询之巡士，遥指一园林。大喜，匆匆入门，乃一民居。数犬狂吠，阒无一人，逡巡而出。遇一耆者，复询之，为述地址綦详。曲折行数百武，始达慈悲庵。庵高于平地数十级，既入门。见"陶然"二字。中有碑，读之，知其地为黑窑厂。而慈悲庵系辽寿昌五年所建，清康熙时重修之。当康熙乙亥岁，晴川江藻督南厂事于此，创建斯亭。取白乐天"一醉一陶然"之意，名曰"陶然"。后之人赓续修茸，得以不圮。佛殿之外，厅事数间，略具曲折。予大失望。是区区者，何足起予景慕，信乎闻名之不如实验也。唯地势独高，四周无廛屋之骈蔽，林木葱郁，鸟声时闻，清旷之乐，非繁华都市所易得。四壁题诗殆遍，罕见佳篇。岂即公卿大夫、骚人逸士之遗墨欤，吾意其非也。亭北有香冢，相传为某闺女埋玉于此。旁为鹦鹉冢，鹦鹉为粤产，主人携之入都，为狸奴所杀，哀而葬之。吁，陶然亭之名于都下也，非一朝夕矣。求其所以成名之故，渺不可得。而恍然于名之不可信矣，斯亭也。第以一官僚一闺女一鹦鹉之遗迹，流传至今。而举世奇材异能之士，与草木同腐。姓氏无芳者，不知凡几。名之有幸有不幸乃如是耶。

（七）地　坛

地坛在安定门外。自西侧门入为厚载街，地址辽阔，绕以红墙，作正方形。盖所谓天圆地方也。层檐画栋，气象巍然者，为斋宫。其旁为更衣所、祭器所、打牲所。正中为方泽，外有短垣。北三门，东西南各一门。方泽坛也，凡两层，陛阶八级，以矾石为之。四围石砌成沟，深不盈丈。而碧波匀匀，盛暑不涸。庭中有铁质大炉二，长方，两耳四足。坛面有孔，或圆或椭圆。盖为祭时盖蓬，用以植柱。石块皆正方，望之如棋局。曩闻人言：地坛砌石皆以八八数积成。八为阴数，所以符地耦之义，今验之始信。方泽之后为皇祇室，覆瓦用黄色琉璃，凡五楹。南有五岳五镇五陵诸石座，北有四海四渎诸石座。内外殿宇皆作丹朱色，殆帝王旧习以此为尚也。

（八）天 坛

天坛在永定门内，正阳门之南，周围十里，前时帝皇祀天之所也。入门，古树丛林，参天夹道，类皆数百年物。但离离荒草，满目皆是。秋虫之声，虽烈日下亦喧扰甚厉。先至祈年殿。自地登殿，历阶二十七级，每九级为一层。殿式为圆形，高三层，凡八丈有奇。顶如雨盖，瓦作翠色，而檐桷梁栋非丹即金。柱大可丈许，余与君特合抱之不能弥。面敷金莲，朵朵相连，无断处，俗称为转莲花。正面台高五级，上有巨屏，金色而龙纹，雕缕精美。每届皇帝祀天时，奉天之神位置于此。左右有台稍低，各有金屏四，亦稍小。祭时置八祖神位于此，所以配天也。殿之四周有白石栏，殿前之阶划为三道。中为神道，有凸形之龙凤，不能履行。左右道为祭时天子奉神牌升降者，左右别有二道。天子始祭时，自左阶而上。终祭，则自右阶而下，不能行正面之道间也。殿之两旁，各为屋九间，贮藏祭器者。出殿门百余步，有平地一方，绕以石栏，为天子祭时更衣之所。余询导者，何以无屋。据云：向例于临时盖一蓬。祈年殿之后为皇乾殿，神牌皆置于此。继至皇穹宇，形似祈年殿，但高仅一层。内亦有神牌，除天以下如风云雷雨二十八宿等咸备。至圜丘，丘高于地三层，层历阶九，白石陛皆四出。地面多圆隙，亦祭时以备盖蓬立柱也。丘之左斜列铁炉八，翠砖砌成，圆炉一。导者谓为焚化祭文之所。翠砖焚祭天文，炉者即焚八祖祝文者也。右立棋杆三，是为三才杆。祭时每杆悬一巨灯。皇穹宇构造亦特别。历天桥，桥分三道。中道为御路桥，下为天河，以巨石筑岸，阔二丈余，深亦如之。桥前为长廊，天河绕廊。过无量殿之后，河中绿草如毛，不复有滴水。经钟楼入无量殿，殿凡五楹，顶高而圆，宛如城穴。上承无梁，故亦称无梁殿。中置一屏，屏前一御座，左右几各一。余则阒无一物。御座木质，雕刻尚工。可三四人坐，洵大而无当矣。上有"钦若昊天"四字，为清乾隆帝之笔。

（九）先农坛

先农坛在永定门内，与天坛相对。周围凡五里，有御殿五间，殿前为借田，即天子三推之所。此地高于平地数尺，方形而土质，四面以石砌成。又有观耕台、天神坛、地祇坛。后为太岁殿，凡二进。前为皇帝行礼之所，后所以置神牌。左有神仓，为六角亭，用板蔽之。借田所获之谷，均藏于此，以供祭祀之用。仓有一方亭及屋数间。此外尚有土地庙。余经其前，见香火甚盛，此外无所有矣。民国十四年辟为城南公园，夏日游者较盛。

我一曰：理乱兴衰，事迹互异。典章礼乐，损益相因。记曰：天子祭天地。诸侯祭境内名山大川。是则北京之有天坛、地坛，亦犹是皇古之制欤。然吾闻之：古者天子祈谷于上帝。扫地而祭，器用陶匏，所以象天地之性，贵其质也。雕墙峻宇胡为哉。或曰：汉儒以谶纬说经，以秦汉之事拟三代。后世踵事增华，遂至此极。是说也，吾无以易之。无如今日者，物质之文明日进，天王之名号不存，时势所趋，不容不变。郊祀之典，岂止损益已哉。曩时阅《会典》图书，虽惊其制作之宏，究莫名其形状。兹以七月十四日游地坛，八月一日至天坛，及先农坛所谓古之遗制，略识一二。归而取图书以证之，必有恍然大悟者在也。

太和殿武英殿记

北京当清代以正阳门为京师之前门，其内为大清门、天安门、端门、午门、太和门等。此皆居中南向者。两门相距，远及数里。今大清已改称中华，余皆仍旧。太和门内即为太和殿，而文华殿在其东，武英殿在其西，规制崇宏，得未曾见。民国成立，清帝以乾清门以外殿宇让与民国，由内务部管辖。第一任大总统即在太和殿行正式受任礼。未几，内务部将太和殿、武英殿开放，任人民游览。余于四年四月二十七日，由史君彝圃导游，自西华门入。每人购票一纸，小洋三角。入口有存物处，游人携物可存于此，畀以号牌，出时照牌取物。如不直往太和殿而游武英殿者，尚须另行购票，每人一元。因武英殿现为古物陈列所，前清热河行宫所藏古器、瓷器、书画及玩物、杂物，皆转运来京陈列其间，供人观览。殿外为武英门，丹朱炫耀，殆已新葺，御河环绕，石桥三，雕镂工致。既入，往东为凝道殿，系武英之东配殿，凡五间。陈列景泰康熙乾隆三朝瓷器。种类之多，色泽之佳，绘画之精，笔不胜述。四壁遍置玻璃橱，下层均大件，上层则陈列各种盆栽花卉，或瓶插花果，悬置适均。骤视之，此天竹，此水

仙，此梅花，此菊花，此石榴，此荔枝。近视之，则一花一
叶，一枝一茎，莫非以珠翠玉石编扎而成。红者为珊瑚，绿者
为翡翠，白者为玉、为象牙、为珠，其他为各色宝石，为金
为蓝。不特花果如是，即一盆一瓶，亦莫不如是。而大小方
圆，浅深高下，各殊其致。少则一件，多则两对，共数不下数
千百。乾隆时居多。一件之成，耗费数千金，或数万金。小民
见之，几致咋舌，虽历三百年，鲜艳夺目，无异新制。可想
见当年民富物阜之概。正面为武英殿，凡五间，中置历朝瓷
器。有转心得胜尊、转心绶耳尊，口小腹大，腹面镂空。内有
二层，视之宛然，而不能取出。制造方法，可谓精工。其他
署款永乐、宣德、成化、宏治、正德、嘉靖、隆庆、万历、
大明者均有之。象牙雕刻、白玉雕刻、红漆雕刻，翡翠琥珀
之属，无奇不有，无有不精。正殿与后殿间贯以穿堂，中置
红漆雕刻御座及大屏，花纹精密。金炉一对，径大尺许。景
泰蓝烛台一对，高约五六尺。后为敬思殿，除瓷器文具外，
复有清帝御用垫褥袍褂刀剑等。有金刚刀及乾隆御用皮刀，
洵可宝贵。自正殿左出，至焕章殿，即武英之西配殿。尽列
周秦以来铜器，古色盎然。武英殿、凝道殿皆有之，特不及
此殿之多。吾游于此，虽欲择要记之，而时短品繁，决不及
记。且守者禁止吾记，吾之记忆力又差，今且忘之矣。但其瓷
器铜器，试举其类名记之。瓷器可分碗、盘、碟、壶、盅、
托、洗、瓶、筒、坛、罐、匙、箸、盆、觚、囊、樽、罍、
缸、炉、盛、盒等。至其釉类，则有黄釉、白釉、霁红釉、霁
青、紫金釉、冬青釉、哥釉、炉均釉、汝釉、火官釉、厂官
釉、白釉等，非精于瓷器者，不能审别也。铜器可分为鼎、
尊、罍、彝、舟、卣、瓶、壶、爵、觚、觯、角、卮、敦、

簠、簋、豆、甗、锭、鍑、鬲、镫、盉、鉴、匜、盘、洗、盂、瓶、缶、奁、罐、铃、铙、鼓、炉、钟等。周秦之品，居其泰半。

武英殿之后为浴德堂，屋三间，陈设精丽，门扃不能入。其后西为井亭，高与浴德堂齐。亭中一井，以砖石砌成方形之水管，沿浴德堂后檐而过。东为浴室，室之顶，形圆如盖，井旁之方水管直接于此。其侧一小门，铁楔为窗，一砖台有阶级可登。或谓昔时此台置一锅炉，以煮水者。盖浴德堂为皇帝浴所，观其布置，固冷热水俱由管直注浴盆者也。然当乾隆时武英殿皆贮书籍，凡钦命定刻之书，俱于殿之左右值房校刊装潢。浴德堂为词臣校书之所，旧称为修书处。乾隆校辑《永乐大典》内之散简残编，并蒐访天下遗籍不下万余种，汇为《四库全书》，用活字版印行。因活字版名不雅驯，易名聚珍版。故武英殿聚珍版之名，盛称一时。今则陈列古物，与民共之，其保存国粹之旨则一也。浴德堂之后院落甚宽，树木葱郁，有河流自西北而东南，为内金水桥之经流，俗称筒子河。已涸，颇有臭气。左与社稷坛为邻，即今之中央公园，闻他日将架桥以通之。出武英殿而游太和殿，是殿建于清康熙八年，重建于三十四年，今则彩绘已落驳矣。殿之前正中为太和门，东为昭德门，西为贞度门。而太和门外，东西相向尚有二门，东曰协和，西曰熙和。由熙和门入绕廊而至贞度门内为一大院，东西两庑，各自有屋二十二间。东庑之中为体仁阁，西庑之中为弘义阁，旧时内府以两庑为银锡缎皮及瓷茶六大库，今则铁锁封固，尘积寸许。东庑之北为左翼门，西庑之北为右翼门，各五间，有卫士持枪鹄立，不得入。乃历阶而登太和殿。殿基高二丈，殿高十一丈，广十一间，纵五间。上为重檐，前后金扉四十，金琐窗十六，规模甚宏壮。前为丹陛，绕以白石之栏。陛五出，各三层。下层二十一级，中层、上层各九级，三折而上。左右置金缸各二，周径约二人抱。抶其环掷之，铛然声作，移时始悠然而止。前面列鼎十八，铜龟铜鹤各二，日圭嘉量各一，大铁缸八。两庑四周又设铁缸二十四，盖所以储水以消防也。殿之正中，旧有"太和殿"额，满汉文并列。今加以横额，书"礼堂"二字，袁大总统行受任礼时所悬。白纸为地，黑绒为字，为时未久，已飘然欲落。何草率乃尔耶。出太和门，华表并峙。石桥五道横列，是为内金水桥，桥下为内金水河。考是河自神武门西地沟引护城河水流入，沿西一带经武英殿前而至太和门外，复流经文渊阁而出紫禁城者。然皆积秽成深绿色，不可向迩矣。由太和门外东行，经文华殿。门五楹，崇阶三出，九级。有兵士驻之，未得入。其规制似不逮武英殿之崇宏，岂当时有轻文重武之意欤。又过清史馆前，自东华门而出。凡来游者，入东华门即出西华门，入西华门即出东华门，两处均可购票。太和殿外廊下有休息处，茶点西酒咸备。武英殿门首并有照片发售，游客可在此缮片付邮云。

吾尝观之图籍：清代宫室以紫禁城为皇城，南有午门，北有神武门，东有东华门，西有西华门。而午门之内为太和门及太和殿，更入为中和门及中和殿，其内为保和殿，殿后即乾清门。今自乾清门以至神武门，留为清帝宫室，非吾民所可游览。向之王公大臣，入紫禁城必步行。年届耄耋，始赏骑马。今则巍巍殿陛，可以倘佯，是亦共和之一征欤。

南海中海记

　　三海清时为禁地，鼎革后，北海开放。民国二年四月，余曾往一游。登琼华岛上白塔，眺望中海、南海：琼楼玉宇，蔚为云霞，然犹海上神山，可望不可即也。今年十月，以教育联合会事来京。值国庆总统府开游园会，始得尽历其胜。画栋飞檐，游目无禁，长廊高阁，登涉为劳。在昔那拉氏之世，达官贵人如李文忠犹且以擅入颐和园得罪。今一介儒生居然有此眼福，则拜共和之赐也。

　　游南海须入新华门。门为民国某年辟，闬闳朱扉，略称旧制。入门即南海，是为人工挖掘之太液池，广袤可数百亩。中多画舫，府中人出入借此以渡。予等缘岸右行，道途平坦。道旁皆假山，土质而小，极蜿蜒有致。一方清波漪涟，人行其中，已觉此境不可多得。首经五神庙、自在观，皆在山上。过印月门，东南为船坞。云绘楼耸峙其前，凡三层，北向。其南有清音阁，上下与楼通。百城书楼与之比接。旁有爽秋馆，有军警擎枪鹄立。稍前为蕉雨轩，入之空无所有。过日知阁，位在石梁之上，其下有水牖，盖太液池之尾闾。或言：池水由此达织女桥，桥未知所在。阁后为春及轩，更北憩于鱼

乐亭。山石曲蔽，境颇幽迥。步响雪廊，穿石洞，出至千尺
雪，是为响雪廊东南一室，当鱼乐亭之西。登假山，见素尚
斋。折而南下，至流水音，一亭也。地面以石砌水槽，盘旋曲
折若蜗篆。或云：当水流其间，渐渐汩汩，清响幽细。此时固
涸也。对面即清音阁，盖亦以水声名者。从清音阁后入韵古
阁，在昔为"蓬瀛在望"。乾隆乙卯平回捷音甫至，适江南大
吏献周鼎。鼎凡十一，得自江中，以为瑞也，贮于此堂。因
名韵古堂，不知何时改堂为阁，今则剩有虚堂，鼎已不翼飞
去。举棋不定，难追歧路之羊。全局已输，遑问秦庭之璧。宝
鼎流落何所，今不可问矣。为之怃然者久之。左行有短垣，
门题四字曰"曲涧浮花"。门之东曰流杯亭，门之内曰俯清
泚，为临流一方亭。再前即政事堂，是为袁总统时中央集权之
机关。数十武达仁曜门，有兵驻守。门前一堤，直达瀛台。堤
之中有板桥，不甚巩固。着足其上，板任重，显弹力，榱杌有
声，以为是宜遇之荒村茅店山蹊林麓之间。禁苑庄严，忽然有
此，无乃不类。同游某君告余曰：昔德宗幽居瀛台，孝钦毁桥
以隔内外，嗣后遂未修筑欤。果尔，此桥于清史有关系也。渡
桥堤渐高，拾级而登，入翔鸾阁，是为瀛台之一后殿。瀛台殿
宇，南向面水，自新华门舟行，可达其前。余等由新华门右遵
陆来，故先至后殿也。更进曰祥辉楼、曰瑞曜楼，得一大院
落。入涵元门，景星、庆云两殿左右对峙，涵元殿居中，是为
南海正殿。偏东为绮思楼，其西为崇台，北为长春书屋，三楹
南向。后室曰漱芳阁，西偏为藻韵楼，相传德宗崩于此。室甚
湫隘，非正殿也。因思当日两宫升遐，后先只隔一日。而鼎湖
上仙之地，又为此湫隘之藻韵楼。虽宫闱事秘，謷说无征；青
史他年，终留疑窦矣。由藻韵楼更至补桐书屋，相传前有双

桐，其一早枯，乾隆九年补植之，故名。翌年复枯，斫其材为四琴，置室中。年湮代远，人琴俱亡，桐亦无有。由侧屋转出香扆殿而至祥辉殿之旁，出一小门，豁然开朗。湖光耀目，山色上襟。有六角亭曰镜光，孤踞于石岩上，老树四绕，浓阴如云。小憩其间，尘襟为涤，觉别有天地也。绕曲堤达钓鱼亭。亭在水中，与镜光相对。先时有人字柳，为明初遗种，清乾隆二十四年仆于风，曾种植三株，故高宗有岸旁人柳非昔树之句。今柳不止三株，亦不类人字。张绪已非，灵和亦改。岂树亦随人代谢，非复当年耶。西为待月轩，多假山，玲珑可观。历春明轩至蓬莱阁下，有木化石，高可丈余，直立院中。望之如枯干，扣之如石笋，是殆数千年前物，入宫后亦数百年。雅似麻姑仙子，饱阅沧桑；惜非白首宫人，能谈天宝。左转为迎薰亭，中一石座，光泽如玉，夏日于此观荷最佳。南望新华门，如正面之列屏。东行过湛虚楼，至长春书屋。屋后有剑石二，其一长二丈。题曰"插笏"。下临池，其西有亭，曰怀抱爽。游踪至此，已自西而东，折回绮思楼。乃由瑞曜楼之侧，道翔鸾阁而出，瀛台之游尽是矣。

出瀛台将往中海，先见清香亭、翊卫处及丰泽园。西苑宫室，皆元明旧址。唯丰泽园系清康熙间所建，为皇后蚕桑处。屋尚朴实，稻畦数亩，皆种桑。每岁皇帝躬耕，皇后育蚕于此，以劝农事。盖犹行古之道也。清季摄政王特建西式楼房以为王府，即今之大总统府也。其东为总统府庶务处。或言：是即古之静谷。沿堤东行，抵一门，入之佳树茂密，美卉繁英。西南行，入山洞邃而曲，为大圆镜。中盖一佛宇，临池北向。又经一门有双圆亭，题曰薰圃珠泉。其前则曾经举国属目之金匮石室在焉。石室白石为壁，四面皆石栏，朱门南向。金球数十并列，其上中有数球为秘钥。民国三年，袁总统修改大总统选举法，继任总统。由大总统预书三人，藏之金匮。及期启视，由国会于三人中选举一人。当日袁总统所预选者，言人人殊。袁氏既殁，此法即废。不知何时为人私启，而至宝贵之历史材料遂不可知。假黄屋左纛，何似尉陀；比肱箧窃钩，终惭魏武。袁氏已矣，此金匮石室嗣后不再生问题于历史，则民国之大幸也。石室对面为芳华楼。北行过平湖漾绿、卍字廊，有德宗遗墨"卿云万态"四字。又过小兰亭，有"飞鸾引凤"四字。陈设整洁，门窗皆严扃。由一狭廊至春藕斋，是丰泽园之西斋。自春藕斋迤逦而行，至纯一斋，亦丰泽园中精舍之一。已自南而北，绕至丰泽园之后矣。向北有石路，折而西。出宝光门至景福门，在花木丛中见一白石方柱，仿佛有字。趋视之：正面题纪念树，右题中华民国二年四月八日，左题国会成立，后题大总统袁世凯手植。国会初成，袁总统留此绝大纪念。曾几何时，而洪宪改元，喧传全国。东南起义，赍恨以终。于以见以私害公，虽位至极贵、权至极重，亦不能致胜也。然吾又转一念：洪宪果成，国体遂变，或义师起于一二年之后，则此纪念碑犹能存在否耶。旋入来薰风门，其内即怀仁堂。袁总统曾停枢于此，堂前大院，尽盖玻璃棚。当时吊者在此棚下，不得登堂。右入移昌殿，左为延庆楼，凡七楹，三面楼廊，左上而右下。院中有铁香炉三四，雅似神庙。楼后出门折而北，有坦途，老树森然夹列。登紫光阁，是地明代为平台。清初改建此阁。常于阁前校试武进士。乾隆二十五年平伊犁回部，功臣大学士傅恒、户部尚书兆惠等一百人图像于内。四十一年，两金川平，复图大学士阿桂、户部尚书丰升等一百人。南向壁间，悬平定伊犁回部纪功碑文及两金川图。阁上藏得胜图及俘获兵器。方其盛时，威及荒服。至于末路，不能自存。后水前水，千古一辙。今共和立国，天下为公。观此一姓功臣之战绩，贤于鸡虫得失者几何。不觉流连凭吊，慨叹无穷也。由此沿中海而北为草地，有亭可憩。过时应宫，宫之东边向北为福华门。门外金鳌玉蝀桥，此为中海之后门。兹游以此为终点，驱车返寓，笔而记之。南海所见，关于清德宗者为多。中海所见关于袁项城者为多。德宗之崩，薄海痛之。项城之逝，天下惜之。论者或以德宗比明思宗。虽处境迥异，其为英主不能竟其施展则同。瞻仰遗宫，辄深向往。若夫项城，挟大有为之资而不免自私。此其所以可惜也。

京华续记

　　壬子夏秋余以事至京，得京华游览记一篇。忽忽两年矣。今年春杪，重至京师，凡前此所未经之名胜，辄拨冗相寻，用以自广。然犹未备，姑志之，俟他日再赓续耳。

北　海

　　北海三海之一也。入西安门，有金鳌玉𬟽桥。桥北曰北海，南曰中海，瀛台以南曰南海。总名太液池，南北亘四里，东西二百余步。池水导玉泉山水潴成者。风景以北海最胜。中海为总统府，南海副总统居之，北海亦有政治会议在焉，尚禁游览，入者须托辞访议员。余以四月十二日由汪波止君绍介往游。金鳌玉𬟽桥广二丈，长数百步，横亘太液池上。栏楯皆白石，饰以雕镂。桥洞凡九，铁栅蔽之。桥旁有额曰"银潢作界"。有联曰："玉宇琼楼天上下，方壶员峤水中央。"桥之两头巨坊对峙，西曰金鳌，东曰玉𬟽。明人董穀查慎行有玉𬟽桥诗，题无金鳌字，殆省文欤。《芜史》称御河桥，又名金海桥。吴长元以嘉庆间曾建金海桥于西苑，谓名金海较典切。余以为不如"金鳌玉蛛"佳也。渡桥至团城。团城位于桥之东，其状为高台，上有崇墉，雉堞森列如城。而基址为正圆形，故曰团城。中为承光殿，四围花木亭榭，境绝幽静。承光殿为元时仪天殿旧址，清康熙时重建者，今政治会议即设其中。殿南有亭，中置玉瓮，花纹作鱼龙出没波涛状，皆凸起，雕镂绝工。瓮径可四尺，深三尺许，为元至元二年遗物。底刻清乾隆御制《玉瓮歌》，字迹无损。某君为言：此瓮于某年得之一小肆。肆人用以贮蔬菜，售价十二元。因购之，移置于此。按郑文玉瓮歌有"呜呼隐见曾有遇，委弃道院岁已多。冬蔬实腹泥没足，学士凭吊资吟哦"等语，则当时瓮固在道院者也。亭外有古栝一，姿势奇古，相传金章宗偕李宸妃坐此待月。章宗以"二人土上坐"属对，妃应声曰"一月日边明"。清高宗《古栝行》云："徒闻金元饰栋宇，两人并坐传齐谐"即指此也。由团城之左入北海，有巨坊二：曰"积翠"，曰"拥岚"。有桥绝巨，石栏有损。更北行至琼华岛。岛兀峙水中，多怪石，相传为宋艮岳之遗，自汴移来者。余臆度之。山下有一碑书"昆仑"二字，石色净白，颇似石玉。又阅古楼后有一石曰庆云，峰峦怪幻。是殆艮岳石耳。琼岛之名，始于金代。一名万寿山，一名大山子。清乾隆帝有碑记之。然则颐和园中之万寿山，想为当日臣僚窃取此名以媚其上者，将无人知为琼华岛之本名矣。岛上有古殿，相传为辽太后梳妆阁，历金元明清皆为禁苑，吾侪小民不易至也。有庙曰永安寺，榱崩栋折，倾圮可怜。正觉殿后有一铜亭，门窗皆铜质，覆玻璃瓦，颇极轮奂。壁面镌无数小佛，有铜质佛像千手千眼，状甚狞恶。更前历阶数级，至岛之最高

处。有白塔,下方而上圆,顶矗起,有金色之环罩之。下层有
木门,上有符篆形之字,其内当有宝物存焉。塔高十余丈,围
八九丈,亦巨观也。山下有碑,记造塔事。曰:有喇嘛僧瑙木
汗者,请以佛教佐治。清雍正帝从其请。耗金钱五万二千余建
此白塔,为喇嘛唪经之所。《鸿雪因缘》谓建于顺治八年者误
也。伫立塔下,纵目四顾:左为煤山,与塔竟高。今清帝所居
之宫殿,金碧檐瓦,前后毗接,恍如南方四月之麦田,黄云蔽
地,连阡累陌然。前为中海,遥见西式房屋耸峙入云者,总统
府也。其亭榭临水,林木葱蔚者,副总统府也。去琼华岛循海
而西为悦心殿,空无所有。其内为庆霄楼,楼后下山。山石
峻峭,有一方亭,石为梁柱,清乾隆帝题诗殆遍。更至阅古
楼,楼凡五楹,梁柱皆髹朱。其梯之制甚异,中立一柱,绕
柱为级旋转而登之。楼之三面皆回廊。壁间砌石碑凡四百余
方,大小宽广皆一律。世所传御刊《三希堂帖》是也。精拓全
份,值银币百五十枚,其次五六十枚。有数人正从事于壁,入
夜席地而居。人言是故宫旧役,清帝室总管许其专利者也。楼
下有阅古楼颜额无"三希堂"。楼后临水,景物绝佳。由此至
分凉阁,阁门扃键不可登。自阁而前,滨海筑长廊不知几何
里,间以台榭。有漪澜堂、碧照楼、远帆阁、湖天浮玉亭诸
胜。廊尽处为倚晴楼,楼下有广衢,小山峙于旁。山麓有碣曰
"琼岛春阴",为清乾隆帝御笔云。余等今日来游,正此天气
也。由石碣而左,寻径上升得一亭。壁间忽现一穴,俯而入有
两山洞,石骨嵚崟,色苍黝,曲折十余丈。幽暗中时得一线天
光,约略辨足下崎岖,殊饶幽致。北海中胜景,此其首屈一
指。出洞经酣古堂不数武,有仙人承露盘。仙人铜质,独立石
上,手承一盘。不知建于何年,其金元遗迹欤,则必目击四朝

宫史。悲禾黍，叹沧桑，其兴亡之感，当视吾侪倍蓰。越延南薰亭、盘岚精舍，迤逦下山。至小昆丘而止，得康庄广可并十骑。道旁老树垂垂，深赖庇荫。经一处，屋凡两进，四面为廊，中潴荷池。前后轩有两额，曰"空水澄鲜"，曰"春雨林塘"，可想见盛时景况。再进有额曰"濠毫间"。自此出门，已绕山脚一周。又经静心斋，其右为抱素书屋。陆子兴氏任民国总理时尝寓此。门临海，与琼华岛相对，天然胜境也。其内为镜清斋，后为沁泉廊。西有枕峦亭、叠翠楼，东有壸画轩，建筑皆精致。更至"西天梵境"益宏丽，门前一坊，矾石及玻璃砖为之，雕镂绝精，他处罕见。坊两面俱有字，前曰"华严界"，后曰"须弥春"。由此至阐福寺，寺前有五亭，错列海滨。中曰龙泽，左曰澄祥、曰滋香，右曰涌瑞、曰浮翠，统称曰五龙亭，其间皆有桥可通。其北又有一亭，即贮"快雪堂"石刻之所。更进又一古刹，门前巨坊题曰"震旦香林"。内地甚广，以土石堆砌作云山沧海状，高及屋顶。丹朱金碧之间，尚有数十神仙现欢喜相，作羽衣舞。后殿一巨佛，背有千手眼，状甚庄严。殿前有碑，谓仿自真定天宁寺者。吾见北海诸古刹中，毗丘尼辈形骸不完，抛弃阶下，尘灰寸寸，不堪回首。因思民国改革，京师无烽燧之惊，胡禁地反有禾黍之感，是必典守者失其责也。或为余言：是皆被毁于庚子之役，未能修复旧观。果尔则清季帝后皆不事娱乐乎，抑财力已无暇及此乎，亦衰亡朕兆之一也。又有一坊，上题"现欢喜团"及"证功德水"八字。自此向西，红墙延蔽，近逼海滨，甚少余地。故无可流连，遂自后门而出。既归，因忆及北海中尚有先蚕坛、浴蚕河、染织局等，规制必佳，今未之见。其殆荒圮不可复辨欤。过故宫而唏嘘，今乃实验之矣。

玉泉山　西山

北京天然名胜，于玉泉外首推西山。盖太行之首脉，蜿蜒数百里，中多秀峰。故游京华而不至西山，乃大缺憾。余性好游山，两次入京，前则未及至西山为恨，今则至西山而未尽其妙，犹有余憾也。

四月十六日晨，偕黄君子彦乘人力车出西直门。道坦平，直如矢。垂杨夹道，风景怡人。过海淀镇，镇为京师西隅。泥途中尘飞过顶，目为之迷。轮陷泥中，几及轴。车夫竭全力而前，犹缓如蜗牛。幸非雨后，否则将行不得矣。再折而北为大路。巨石砌道，厚三四寸，纵七八尺，广亦四五尺，可见当日工程之巨。惜乎年久失修，两石相接处，已裂巨罅，致车行颠簸，无异崎岖于山径间。十一点钟，始抵玉泉寺。屈指自单牌楼至此，已历三小时。俗称距西直门外二十里也。

玉泉山有古寺，亦名玉泉。入山门，林木葱郁，道路迂回。初不知俗尘万丈之京师，而有佳境在其附郭也。玉泉山者，以玉泉名。山麓洼地，随处皆泉，水清澈可鉴。以手试之，冷冽如冰。池面不广，有小洲三。其上有瓦砾残址，则昔时当有精舍，不知毁于何年。清康熙十九年，即金章宗芙蓉殿遗址扩为园林，名静明园。当时以十六景著：曰廓然大公、曰芙蓉晴照、曰竹炉山房、曰采香虚径、曰圣因综绘、曰绣壁诗态、曰清凉禅窟、曰溪田课耕、曰峡雪琴音、曰玉峰塔影、曰裂帛湖光、曰风篁清听、曰云外钟声、曰镜影涵虚、曰翠云嘉荫、曰玉泉趵突。流风遗韵，今所存者不逮其半。山之四周，地势低下。前有高水湖，后有裂帛湖，距玉泉咫尺，水脉暗通。而高水、裂帛复合注于昆明湖，即今颐和园所据为胜景者也。池旁一船亭，下泊小舟一，平首而昂尾，遍身镂竹叶形，髹以翠色，颇具雅致。子彦招余登之，泛玉泉神庙前，计铜币五枚。有石级，于此登岩，而泉之穴在其下，涌出作珠点，不若济南趵突泉之高。《鸿雪因缘》谓其高三尺许，余未之见，不敢信也。童子六七人自山门随余等入，为携杂物以从。及抵此，竟以小杯取泉水劝进。饮之，清沁心脾，余且掬之以颒面焉。此间壁刊二碑：一为《天下第一泉》，一为《御制玉泉山天下第一泉记》。余生平所历锡之惠泉山，固天下第一泉也；镇之金山，天下第二泉也；宁之雨花台，天下第六泉也；济之珍珠泉，天下第四泉也。或为陆羽所定，或为苏轼所称。以余断之，则玉泉之广而清，诚当首屈一指。清高宗碑记云：水味贵甘，水质贵轻。玉泉每斗重一两，他处名泉无此轻者。昔陆羽、刘伯刍或以庐山谷廉为第一，或以扬子江为第一，惠山为第二。惜其未至京师尔，斯言不予欺也。池底皆碎石，历历可数。碧绿水藻，浮沉其间。舟人为予言：池水不深不浅，终岁如是。近有某某集资创设汽水公司于池侧，将利用其水以制饮料。鸠工庀材，尚未成也。

自此左上为一石塔，四周刊佛像。右上为一洞，洞口前有"澄照"二字，后有"函云"二字。由石塔而下绕至古华严寺，房屋尚整，惜无几案可以栖止。院旁有资生洞，甚小，过一佛殿而至伏魔洞益小。由洞侧至玉峰塔下。塔已圮，不可登，然此已为玉泉山之巅矣。虽曰培塿，犹高于姑苏之虎丘山。塔下有一破屋，故为楼两层。有佛一尊，肢体不备犹兀然坐其中，不知风雨之可畏。谚云佛无灵，是殆然也。下山至华严洞，较资生洞伏魔洞稍大，四壁雕刻小佛，不可胜数，或

立或坐，或卧或踞。云纹绕之，其状万千，无一同者。人工之
精巧，岂易事哉。中一石台置佛像，亦为石质，全体完备而缺
首领。导者为言：头系铜质，故被盗以易钱也。噫，钱这害人
如是。此洞皆为云母石或石英，故现黄黑色，即地质学所谓水
成岩也。正门为含辉堂，前代帝后游山时休憩于此。门扃不得
入，自窗隙窥之尘封寸许，空无一物。即廊下席地而坐，门者
以茶进，稍憩片时。是役也，门者索资给铜币六，索香钱，给
铜币五，茶资特给铜币二十四，小童为携衣服及零件，合给铜
币二十。不为费也。门外有赁驴者，闻余等将往西山碧云寺，
咸来乞赁。乃与子彦各择一头，每头计小洋四角。

　　自玉泉山骑驴西行，作西山之游。西山在京师西三十
里，为太行之首。峰峦起伏，不计万千。而一峰一名，闻者
不易志，知者不胜道也。其在京畿一带者，以位置当太行之
西，故名西山。凡属西山之胜地，几如历史上之系统表，算术
中之微分、积分，只可略其小者而述之。余等由玉泉山来，先
至荷叶山。山在玉泉西南平壤间，约八九里。至寿安山，入卧
佛寺，即唐之兜率寺，明名永安寺。清雍正间赐名十方普觉
寺。门前有琉璃坊一座，前镌"同参密藏"四字，后有"具足
精严"四字，皆清高宗御笔。其内有一池，作半圆形，蓄小金
鱼甚多，水不甚清。门内为甬道，长约里许。古松奇桧，夹道
森列，绝似西湖理安寺前之竹林。

　　殿凡三进。最后有一卧佛，以手支颐而卧，长约一丈六
尺。范铜渗金，衾裯五彩。《鸿雪因缘》据《元史》为言，至
治元年诏建西山大寿安寺，冶铜五十万斤作佛像，殆即此。然
《宸垣识略》谓为明宪宗时所造。虽不能断其是非，其为数百
年间物可无疑也。两隅有方桌，各陈佛鞋，为民间制之以奉佛

者。大小不一，共有二十余对。最大者长约二尺五寸，鞋头阔八九寸。前院有桫椤树一株，又名七叶树。其叶七出，略如鸡爪，故名。树最洁，古人谓为鸟不栖，虫不生。《图书集成·山川典》亦称之：古今题诗者不知凡几，干围两人抱，约一丈一尺以上。上半已枯，心空如剞然。巨枝下垂，拳曲如虬龙。《宸垣识略》言：寺有此树两株，相传唐贞观创寺时，自西域移植而来者。然予遍觅之，仅见其一耳。子彦善采植物，自制标本。笑为余曰：七叶树以卧佛寺产为最古，得此颇足自幸云。

自卧佛寺至香山之碧云寺，约三里。西山佛寺累百，以碧云为最闳丽。故游西山者，无有不至碧云。余抵此为午后四时。颇困惫，即休憩于方丈中，侍役颇驯，有识子彦为旧游者。余读《清高宗西山碑记》：元耶律楚材之裔名阿利吉者，舍宅开山，净业始构。明正德间税监于经扩而充之，魏忠贤踵而大之，庙貌益宏云。茶点既罢，偕子彦出山门。门前两石狮，雕镂工细，年久冒风雨，黯然作苍翠之色。稍入为一桥，桥下涧深二三丈。树木杂生两侧，泉流其下盈不及寸，而汩汩然作暴雨声。桥之左右，遍植柏树，浓阴下覆，凉爽宜人。余独流连久之。王西樵诗："入门闻泉声，涓涓出幽邃。"今日犹古之状也。唯西樵诗有"寺门双老松"句，偏觅未得。只有两槐，盘郁苍古。岂西樵记忆之误耶，抑年久而松死，已易槐树耶。子彦为言：北方人固以槐为松者。则余未之闻也。更入，西为般若堂，为禅堂。东有小院，为屋数间，现为天宝矿务公司事务所及警察卫队驻在所。前有钟亭，左右对峙，腐旧已甚。其一尚有钟悬于梁，其一则无之，殆已废弃矣。院前壁下有石龙首一具，泉水自龙口喷出，清而凉。沿壁

作石槽导之下注，其声清越可听。更入，殿宇倾圮，佛像几无
完整者。院中为一方池，上架石桥。以余臆度：必终岁无足迹
及之。正殿颇旧，殿前左右有八角华表，上镌经文，字迹极挺
秀。更入，正中为碑亭，内植清《乾隆十四年重修碧云寺碑
记》。碑亭之后又一殿，亦已腐旧。更入一院，花木清幽，银
杏、桫椤、白骨松尤茂。渔洋诗："禅房鸭脚古，别院桫椤
阴。"鸭脚即银杏，桫椤虽茂，不及卧佛寺四分之一矣。院甚
宽广，右为司房，左为客堂。正殿三间，左右各有一室。左为
方丈，余与子彦即宿其间。出是院左折别有一院，有榆叶梅一
株正盛开，花色艳美。其红不及桃而淡不及杏，有微香。稍
入，树木蓊郁，山石嶙峭。复甃石为池，有泉自石隙喷薄入
小渠，曲折达寺前。泉旁旧有亭榭，柱石犹存。西蕉诗所谓
"最爱泉上亭"者，殆即指此，今殊不可复得。渔洋诗"流泉
自成响，林壑坐生凉"则诚然矣。亭前为王仙洞，凡三穴，空
无所有。洞外有一瘿柳，半干作一大曲，复森森而上，姿态绝
佳。乃以瘿名，吾为之不平焉。是院右折为罗汉堂，内列五百
罗汉像，颇似西湖之净慈寺。正殿之后，历两石阶而上计三十
余级。有一矾石坊，云纹精妙，四方柱遍刻之。一小桥，桥下
一沟无水。此为金刚宝座塔院。古木错列，左右碑亭各一，作
六角形。内勒清乾隆十三年御制碑文，碑作满蒙汉及梵书四种
并列，尚极完整。又有一坊，清高宗书"西方极乐世界阿弥
陀佛安养道场"十四字。壁作粉红色，砖石间砌无损。历石
阶三十余级，又左右折而登凡十余级，为一方形之台。以矾
石为之，壁刊佛像甚多。正面有"灯在菩提"四字。凡三折
而上，作洞龛。其顶有塔七座，纯以玉石为之。中一方形最
大，四隅各一次之，前面二座为圆形稍小。方者凡十三层，顶

各有帽。在塔上俯观两侧：白骨松数十株，宛如白龙之群舞空中。塔下北面有土丘，为魏忠贤葬衣冠处。相传魏忠贤重修碧云寺，预立生圹写碑题衔，享殿僭制。魏忠贤既诛，其徒私葬衣冠于此。清康熙间御史张瑗奏除之。至今荒丘绵亘三四丈，松桧甚繁茂。余登其巅，绕行一周而下。渔洋诗："岂知穷奇骨，不得安穸窀。牢石与五鹿，弹指随飚尘。"庆麟诗："剩得双狮在，营坟枉自忙。"皆咏此也。旋由寺役导游聚宝山。天将晚，未及巅。路旁桃李将谢，在金刚塔院遥望之，颇饶胜致。迨历其地，亦不过尔尔。遂回寺，晚餐于树阴之下。万木无声，星河在天。忽大风灭案头烛，转瞬即止，不知其何自来也。晚间无事，招某僧询以西山名胜，茫然无所答。子彦念念退谷及水源头，尤无所得。而僧唯频频与余计较山舆之价，其俗可哂也。

翌晨，碧云寺僧为备山舆。舆制以木，坐以板。颠簸之余，使余臀部与板相抗，乌乎能忍。虽愚俗僧人，不知为游客谋便利，亦足征山民进化之迟矣。余等以早八时行，先至香山寺。甚近清乾隆帝所建之静宜园在焉。今犹视为禁地，驻兵守之。入游者以名刺白守长，不得径入。寺建于金大定二十六年。《日下旧闻》载：寺址亦辽中丞阿里吉所舍。殿前二碑，载舍宅始末。碑石光润如玉，白质紫章。又云：寺即金章宗之会景楼。正统中，太监范宏拓之，费七十万。门径宽博，乔木夹荫。流泉界之，依山纡隆，以为殿宇。宜香山寺之著名，由来古也。寺前有石桥，桥下方池为知乐濠，璎珞岩居其东。慈恩殿右为香炉冈，乃乳峰石。昔人谓其时嘘云雾，类匡庐之香炉峰，故名。左为来青轩，下临绝壑，玉泉诸峰，屏列于前，洵胜境也。

　　静宜园外蔽短垣，长约十里。旧时园内有二十八景。余最爱璎珞岩，岩石片片，错落平立，随处可作蒲团坐，色苍黟。古松奇桧如掌盖，如列屏，而泉声泠然，如磐音之远至。小鸟啁哳，迎客而鸣，历历止于岩壁间。吾知璎珞之所以名，必以岩石之似璎珞故。今有作缨络者，失其本旨矣。其上为绿云深处，树木尤茂。岩下月河如带，有瀑注之长约丈许，下激山石，如飞银花。立观久之，虽不及泰山瀑之高，亦饶胜趣。有南北二水道。北水道以石筑长堤，广仅四五尺。中凿水轨，宽约五寸许，深只寸许。自下而高，水汩汩流其间，绝无阻窒泛滥。其来源实居高处可知矣。西面至韵琴斋。更入为正凝堂及畅风楼。屋皆新葺，大可优游。后面山石嶙峋，有方亭。据其端，前面为见心斋。荷池一方，水皆山泉所注，清可以鉴，临池为轩。所谓清如许也。得月轩悬架池上，凭栏俯瞰，人影宛然。有半圆形之长廊绕池三面，炎夏居此，不知可消却溽暑几许。旋至昭庙，乾隆庚子所建，高凡三层。两旁有邃洞，以白石为阶，折而上几数十级。殿居其巅，备极崇宏。惜倾圮已甚，其下瓦砾历历，不可任步。门前有琉璃坊，题"慧照腾辉"四字。殿后有六角形之御碑亭，皆清代物也。

　　静宜园内附设静宜女学工厂，为马良诸君集资创建，民国二年四月开办。现有学生三十余人，教职员三人。课程注重国文，算术及普通工艺，合于教育部小学宗旨：所谓生活必需之知识技能。以帝皇游览之园林，作寻常肄业之校址。吾意山家姊妹，必将连袂偕来享此清福。孰知学生仅得此数，且时已十时，犹有挟书囊徐徐来者，岂路远不能早达耶。

　　狮子窝在卢师山之麓，西山诸胜之一也。自香山静宜园

而来，道经健锐工厂及织布厂数所，又小学校三所。过门头
村，八旗校阅场、将台巍然在望。规制之宏，内地罕见。凡越
二三岭，舆夫喘声大作，既达狮子窝。舆夫声言：自香山至
此已十五里矣。左入，前为关帝殿，后为菩萨殿，右为霍山
宗祠。再登为望仙楼，绕廊而至碧云天。东望平畴，烟云弥
目，石刊"奇观"二字。由望仙楼东折，得一石桥，桥旁一仙
人洞，甚小。再下为长廊，有"聊斋"画壁，横广五尺，高约
七尺，凡三十五方甚完整。据守者言为张某手笔。每方值洋二
元，何其廉也。廊尽处建一方亭，由亭侧登卢师山（俗名青龙
山）之顶。荒草没足，无路可寻，而革履滑滑，行此崎岖。
子彦以采掘植物之小刀视为杖。予虽挺身缓步，举足亦甚摇
摇。既上甚平坦，濯濯无一树。遥望浑河蜿蜒如带，而太行山
脉则不知几千万重耸接烟云之内。昆明湖、玉泉山、碧云寺皆
在吾履舄间矣。侍者导至前门，见福惠寺之额，并有重建青龙
山福惠寺碑记。明嘉靖时魏双庆王福喜尝捐巨资，后归内监管
理，故寺无一僧也。

　　西山有所谓八大处者。一曰宝珠寺，二曰香界寺，三曰
龙王堂，四曰大悲寺，五曰三山庵，六曰秘魔崖，七曰重兴
寺即灵光寺，八曰长安寺。自狮子窝至翠微山登宝珠洞。洞
甚黝暗，不及西湖烟霞洞足资流连。旋至香界寺，前后越数
山岭，无往不坡，无坡不斜，或临陡壁而进，而舆夫履之如
夷。使吾舍舆步行，将不数百步而胝足欲止矣。寺在翠微山之
麓，旧为平坡寺，创于唐。明仁宗赐名圆通，清康熙十七年
修葺之赐名圣感寺，乾隆十四年易今名。入门老松一株，庇荫
全院。两面有钟亭，更进为天王殿，为佛殿。后进为高楼凡七
楹，两旁皆有屋，丹朱剥落矣。自香界寺至虎头山麓之龙王堂

甚近。龙王堂又名海泉庵，又名慧云禅林，清康熙六十年重建。入门即至听泉小榭，下有二泉。一在石阶之下，凿龙口出水潴为方池。深约四五尺，中蓄金鱼。此处之泉名龙泉。锄月老人有《龙泉甜水歌》，书一小方悬于小榭之内。诗字均佳。窗悬一联云"当户老松生夕籁，满山红叶入新诗"。小榭之左为丹枫染翠轩，殆以院落多植枫松两木故也。又有观音堂三间，位置颇高。

自龙王堂至大悲寺甚近，亦称大悲庵。至此已在翠微山之左麓矣。清雍正二年，慧澄禅师募款重修。入门有竹林百数十株，植于门之左右，苍翠庇墙，为北方寺宇中所罕见。前为药师殿，殿前有银杏二株，姿态奇石，必为数百年前遗植。后进历十余级而登，为大悲殿，明嘉靖二十六年所建。余殊无足观者。

自大悲寺至重兴寺亦近。入门即憩于归来庵，为清端方解组后卜居之所。有屋五楹颇新，四壁遍悬联额。徐世昌（菊人）一联云："缘石菖蒲蒙绿发，缠松薜荔长苍鳞。"端方自书一联云："箧有三山记，心藏五岳图。"锡良复为之记。门临小池，左倚峭壁，壁上有二洞。院中颇荒落，唯树木葱郁。山色湖光，兼而有之，此处大可留宿，且有藤制山舆可乘。住持圣安谈吐不俗，殷殷劝止，胜于碧云寺多矣。池右有石磴数十级曲折而上，至韬光庵，屋已被火。更上为一八角亭，无题名。伫此可以望远，前有菩萨殿三间。

自灵光寺至秘魔崖约里许，崖上证果禅寺明成化间所建，相传秘魔祖师居之。崖在卢师山之半，大石嵌空，几二丈，色黝，是名秘魔崖。洞内有石磴一，相传为卢师晏坐处。其后复有真武洞甚小，洞旁有轩三间，面对翠微高峰，树木颇多。东行百余步有大石，侧立道旁。一池潴焉，即大小青龙所蛰处。渔洋诗："卢师晏坐处，犹在涧边石。石上留孤松，终古不盈尺。"余于前二句得之。所谓不盈尺之孤松，则未之见。在秘魔崖右望：平田一片，浑河在其前。浑河即桑乾河之下流，自此向张家口而去焉。（节录碑记云：观中有尸它林为卢师卓锡之所，师尝度二龙子为沙弥，唐天宝间旱甚，二沙弥入潭化大小青龙，甘雨遍下。生人德之，立祠于此。既而师得度示观音异像，赐号感应禅师，因名寺曰感应。元泰定间重修，更名镇海。宣德间祈雨有应，封二青龙为王，英宗赐名证果）旧屋甚多，大半倾圮，山门内钟鼓楼遗址尚存。唯寺僧宽广招待周到。语以腹饥，宽广笑言：山中仓猝无可食。为备粗点，何如。旋出豆粥麦饼紫菜汤鲜蚕豆数色，颇适口。一饭之德，殊可感也。

四点钟下山，恐误汽车时刻乃舍长安寺不游，直达黄村。经桑乾河故道，河槽依然，石子盈焉，行者视为大道矣。四点五十分钟，京绥车至，附之行。五点十八分即至西直门外。既归寓，核游资：计碧云寺二人膳宿银四元，又赏役二元。香山寺未给资。卧佛寺、狮子窝、重兴寺茶资各二角。香界寺未给资。龙王堂大悲寺门资各铜币六枚。秘魔崖茶点六角。自碧云寺来，山舆并送黄村站。每乘银三元。

旧都新记

民国成立以后之北京，以国都南迁故，人都称之为旧京，或旧都，既而正式改为北平。元年迄二十一年，予凡七至。每至均有新改革，新建设。但除壬子乙卯及最近壬申，游踪所至各有所记外，余均无记，即所记亦不备。丙辰至辛未间曾四至，非事务繁，即时间仓偬，虽游而未记。远如汤山、潭柘、戒坛，近如圆明园、太庙等处，皆往游，皆无记。然亦有重记者，如万牲园改为天然博物院，碧云寺改为学校等，不得不两存之。缅往时之景物，怅今日之风云，有不胜太息者在。此旧都新记之所由作也。

（一）中山公园

中山公园，就社稷坛改建。初名中央公园，地点适中，布置周备，游者无日不盛。设董事会管理之。园之正中为中山亭，常有演讲。其后为图书馆，前有花畦，春夏间遍植牡丹、芍药。西为卫生陈列馆、儿童运动场、高尔夫球场及餐馆。每当夕阳将下之际，群在广场设座茗谈，非常繁盛。其前为假山，积土而成，上辟通路，遍栽花木。河池绕之，风景绝佳。东为来今雨轩，轩前有平台，亦为啜茗胜地。好以西餐飨客者，类选地于此。最后参天松柏，森茂成阴且濒御河，当荷花盛开时，在此闲坐，清雅无艺。予来旧都，得暇辄驱车至此，非特消遣，且约友聚谈焉。偶有咏句，汇录于次。

  风信连番百卉苏，旬余不到景悬殊。桃红柳绿丁香白，一幅天然春色图。

  向晚风来淡淡香，山腰水背尽徜徉。缤纷五色无边在，惹得游人管领忙。

  园游都是爱春光，俪影联翩笑语狂。人比花浓花莫妒，对花自在理红妆。

  春服轻盈美且都，衫长拂地入时无。东回西转寻花去，有约迟来候路隅。

  斜阳送客寸心知，为爱群芳故故迟。春意撩人人欲醉，小山顶上立多时。

  色相迷离似笑颦，嫣红媚绿饱精神。众生颠倒非多事，一蕊一花一美人。五月五日看牡丹

  倾城士女看花来，锦簇团团竞赛开。五色灯光映成趣，任他日落尽徘徊。

  霞红雪白洵奇观，秀色攒围社稷坛。风伯连朝纵狂暴，天生丽质未摧残。五月二十五日看芍药

（二）故宫博物院

  故宫即明清两代帝后所居之禁地。民国开放，并将皇室宝藏珍奇器物及有关文化之品分别陈列，任人阅览。现分中

路、东一路、西一路、外西路、内西路、内东路等，可以分期往游。

神武门即紫禁城之北门，明名玄武门，今为故宫博物院之二门。更进为顺贞门，旧名坤宁门。内中为承光门，东为延和门，西为集福门。游人自延和门入，集福门出。

御花园在承光门内，即明之宫后苑也。古木苍郁，奇石错落，楼阁轮奂，亭榭深幽，颇多明代遗物。园之东部有堆秀山，为观花殿旧址。叠石俊秀，有洞，现恐危险，禁止出入。左侧镌"云根"二字，为清高宗书。

摘藻堂向为藏弆秘笈之所，现闻《四部荟要》尚存其中。凝香亭在摘藻堂后，明金香亭旧址。

浮碧亭在摘藻堂前池上，其南为万春亭，内祀关帝。绛雪轩在万春亭东南，正中花坛有绛雪花，明仁宗赐名太平花，今从之。

钦安殿祀玄武神，在顺贞门内，位居正中。其东南西三面即御花园。

天一门即钦安殿前之门，其外有诸葛拜斗石。

坤宁门旧名广运门，明嘉靖十四年改今名。

坤宁宫九楹，明为中宫皇后寝兴于此。清改东暖阁为大婚之洞房。中四间为祭天跳神之所，并有宰牲桌、煮肉锅及祭时女巫歌舞所用之物，如铜钟拍板等。又有坑，为皇帝进胙肉升座之用。

交泰殿制如中和殿，顶作金圆，清代宝玺及皇后册宝均置此。东有乾隆年置之铜壶滴漏，西有大自鸣钟。

乾清宫九楹，西暖阁明万历、天启二帝居之。东暖阁明泰昌、崇祯二帝居之。魏忠贤曾在宫内办事。清代则引见外国使臣召对百官批阅章本皆在此。康熙六十一年、乾隆五十年两次千叟宴亦开于此。中悬"正大光明"匾额。

昭仁殿明怀宗殉国时手刃其女昭仁公主于此。清乾隆时检内府善本书藏于内，有额曰"天禄琳琅"。殿后为五经萃室，藏宋岳珂校刊五经，现已散失。

弘德殿清咸丰帝曾寝兴于此。同治帝曾读书于此。

自乾清宫玉阶直达乾清门，门东为上书房，明清两代皇子皇孙读书之所。转北一间有孔子神位。又敬事房、药王庙，有日精门东出。乾清门之西为南书房，为内廷词臣之直庐，刘镛所书匾额尚存。更西为奏事处，有月华门西出。

乾清宫前之东南西三面，均有廊通至乾清宫。廊砖已成凹形，可知当年行人之多。

由天一门往西为四神祠，更西为养性斋，其间山石甚佳。清末英人庄士敦授宣统帝西文时居此。

千秋亭在养性斋北，供佛。

澄瑞亭跨池上，内设斗坛。亭后为位育斋。

延晖阁不得入，闻存历朝圣训在内。

以上为中路

文澜阁在文华殿后，清乾隆三十九年兴工，四十一年夏落成，所以藏《四库全书》者。阁六楹，前有石渠。

《四库全书》凡百有三架。又《图书集成》十二架。

南三所现为文献部办事处，其东为御药房及太医院。

九龙壁系琉璃制成，华丽过于北海者，然仅一面。北海则系两面。东为钦禧门，西为锡庆门。

皇极门在九龙壁之北。左右皆有门，更进为宁寿门。

皇极殿前有通道，似乾清宫制而小。东西各有暖阁，殿庑东出为凝祺门，西出为昌泽门。

宁寿宫清乾隆三十七年建，时乾隆年六十二岁，以备归政后养尊处优之用。规模全仿内廷正宫正殿制，乾隆四十一年落成，归政后永定此宫为太上皇宴憩处。其后慈禧太后曾居之。

养性殿二陛西盈而东朒，西陛南下，东陛东下。西楹之北阁有塔，奉佛。东西各有复室，颇曲折。

乐寿堂本为宁寿宫书堂，乾隆四十一年改今名。两庑有乾隆御书《敬胜斋石刻碑帖》。

颐和轩两庑亦嵌《敬胜斋石刻碑帖》，内部通景祺阁。左有假山，山上有亭。

贞顺门为宁寿宫后门，旁有井。庚子之役，慈禧太后出走时投光绪帝宠妃珍妃于井。穿堂东犹存牌位。

以上为宁寿宫中一路

畅春阁崇楼三重，为内廷演剧处。

阅是楼内陈列朝会乐器。

寻沿书屋有垂花门，可通阅是楼。院内有石山，俗称"小有洞天"。附近有庆寿堂。

景福宫清康熙帝奉孝惠皇太后于此，制如西路之延福宫。梵华楼在其后，更西为佛日楼，均为奉佛之所。

以上为宁寿宫东一路

古华轩在衍祺门内，有垂花门可通遂初堂。更西为延趣楼，有石山。上为耸秀亭，亭北为萃赏楼。

云光楼有额曰"养和精舍"。

倦勤斋后有石洞，洞上有碧螺亭。

符望阁与碧螺亭相对。西为玉粹轩，北为竹香馆。

以上为宁寿宫西一路

奉先殿未得入，闻内奉祖先神龛。

毓庆宫及斋宫亦未入。

奉先殿后有六宫。正中自南而北曰延福、曰永和、曰景阳，西首自南而北曰景仁、曰承乾、曰钟粹。或陈列瓷器，或陈列铜器，或陈列玉器，或陈列字画，时有更迭。

以上为内东路

慈寿宫在隆宗门西，前列金狮二，后殿供佛。

寿康宫在慈宁宫西。

寿安宫现为图书部办公处。

英华殿殿前菩提树一株，为明神宗母世称九莲菩萨李太后所植。

以上为外西路

养心门养心殿为清帝宵旰寝兴之所。

永寿宫未入。

翊坤宫原为万安宫，明嘉靖十四年五月改今名，为妃嫔所居。清因之，慈禧为贵妃时居此。廊间有砖刻梁耀枢、陆润庠撰书万寿无疆赋。东西二间供慈禧、隆裕太后画像。东厢为延洪殿，亦名庆云斋。西厢为元和殿，亦名道德堂。

体和殿五楹，西间为清宣统后书室。东厢为平康室，西为益寿堂。

储秀宫清因明名，宣统后居之。东为卧室，西为浴室。东厢为养和殿，西厢为绥福殿。

丽景轩为宫中之西式食堂。东厢为倚兰馆，西厢为风光堂。

重华宫戏台甚宽宏，有额曰"升平叶奏"。对面为漱芳斋，五楹，帝后听戏于此。有穿堂通后殿。此处梁栋楹柱皆作淡绿花卉，看惯金朱彩绘后，到此目光为之一新。清乾隆为皇子时居之，后同治帝之瑨妃亦居之。东庑为葆中殿，亦名古香斋。西庑为浴德殿，亦名抑斋，乾隆为皇子时之书斋也。

崇敬殿五楹。东暖阁供佛，西暖阁有藏经。

启祥门太极殿即启祥宫。原为未央宫五楹，清同治瑜太妃居之。

体元殿东厢为怡性轩，西厢为乐道堂。

长春宫清宣统淑妃居之，四围走廊绘红楼梦图，凡五间。东一间为卧室，东二间仅有橱二。西一间为浴室，西二间为书房。案上有商务印书馆之《英华合解词汇》及小说等，作纷乱状。闻系诸妃出宫后，宫监曾来取物遗留各品，不及整理，现一仍其旧也。东厢为绥寿殿，西厢为承禧殿。陈设悉西式，有至圣先师牌位，壁悬中国最新地图。

成福宫现称乾隆室，专陈列乾隆御用精品及御笔。

春华门入为雨华阁，凡三层，金屋顶。闻上层供欢喜佛，中层供康熙大成功德佛牌位，下层供西天番佛。

延庆殿三楹，未入。

宝华殿供佛。

梵宗楼供佛。

抚辰殿供普天众仙，殿前铜炉二，明嘉靖二十一年制。

建福宫三楹，屋瓦蓝色，与他宫异。东间祀咸丰后孝贞显皇后神位，即世称东太后是也。

西花园旧址。民国十二年六月二十夜，敬胜斋火，延烧东西南三面，古物悉付一炬。今就其地辟为球场。此外尚余一石洞。

以上为内西路

予游故宫博物院，凡五次。而历以上各地，记不胜记。感想所及，得七绝数首如左。

乾坤交泰祝升平，伟大规模两代承。传圣传贤难尽信，上书房内阒无人。

方正庭园富贵花，无边春色属谁家。千红万紫开还谢，无复君王七宝车。游时御花园牡丹正盛开

从来富贵说人君，花得斯名自出群。岁岁花开君不见，万缘生灭自然分。牡丹多而大

无端一炬似咸阳，楼馆翻成蹴踘场。聊可探幽余古洞，惠风犹在舞垂杨。西花园

雕栏画栋彩纹清，人去台空怅旧情。南府衣冠供玩赏，弦歌何日奏升平。漱芳斋

祈年求福非非想，三教同尊作导师。毕竟百年容易过，空留遗像系人思。宫中儒释道均有崇祀之所，佛最盛，尚无耶教孝贞慈禧两后亦有遗像

森严宫苑陈遗物，一姓兴亡知本原。富丽珍奇如敝屣，稍存国粹忆文渊。东路宫殿多半陈列清代皇室传袭上有关之物。最南之文渊阁不开

寝殿重重辇路宽，珍奇淫巧博君欢。六宫粉黛今何在，留与平民带笑看。景阳、钟粹、永和、承乾、延福、景仁六宫前后并列分陈瓷器、玉器、铜器及奇异之自钟鸣。甚多钟内机械能奏乐，能跳舞。有一具中坐一女子，机括一开能写八方向往九土来王八字；又一具数童子踢球

六乘仓皇国事休，不图公敌复私仇。养心养性将何补，一井终留万古愁。珍妃井

丹墀层层三跻攀，不衫不珮赋消闲。朝天龟鹤休啼笑，殿上犹存九品山。太和殿高十一丈，横十一间，丹陛五出三成，列铜龟、铜鹤各一，铜鼎十八，丹墀内

为文武百官礼位，范铜为山形，镌正从一品至九品字样，今
存殿中。民国以来，予已三次登殿，两次皆偕夫人者

　　巍然三殿此居中，圆顶方檐独不同。若问君王
御朝事，恭呈玉牒较崇隆。中和殿在太和殿之北，纵广
三间，圆顶方檐。清制玉牒告成必在此殿恭进，余则皇帝祭
祀时视祝版，耕籍时视农器，他事不登此殿也

　　盛衰元气最难知，皇建终于不保持。北望重门
严锁钥，至今谁得越雷池。保和殿又在中和殿之北，九
间重檐垂脊，其后即乾清门，门内即清故宫。今故宫博物院
从神武门入，故乾清门封锁如故

（三）古物陈列所

　　武英门内武英殿陈列瓷器为多。东为凝道殿，珐琅器为
多。西为焕章殿，历代铜器为多。入协和门至文华殿，古今字
画为多。东为本仁殿，西为集义殿，历代帝后圣贤画像为多。
民国三年将清室所遗古物二十四万二千五百余件，轮流陈列，
常陈列者不过五六千件，并在武英殿西面建宝蕴楼储藏之。

　　上追三代中秦汉，典雅珍奇世所稀，岂为吾侪资玩赏，粤
稽文化此观微。

（四）浴德堂

　　堂在武英殿西北三间，后入为浴室，清乾隆帝夺得香妃
后，仿意大利式用瓷砖筑成。曲折而入，上为半圆形，所以聚
热。外有锅炉，所以进水，今尚完整。有香妃画像一武装，一

便装悬于堂内。

斗室如螺两折联，穹窿覆盖接流泉。浴堂去德名方合，以臭为香遗万年。

（五）景 山

神武门对面为景山门，门内即景山，一名万岁山，即明怀宗殉社稷及太监王承恩殉君处。山高二十余丈，周垣二里。有五峰，每峰建一亭，形式不一。树木荫蔽，风景尚佳，皆人工所成者。俗又称为煤山。

誓死同甘不帝秦，五峰烟树剩春尘。殉君殉国皆全节，愧煞当年携贰人。

（六）南 海

民国三年三月，曾游三海，略如前记。今岁重来未再记，仅得数绝如下：

宫苑崇严说至尊，帝王总统两无存。独留石室春风里，金匮何曾付子孙。

燕子飞飞觅画梁，而今王谢等寻常。朱门半掩帘拖地，道是先生避暑堂。园屋多出租，导者辄指谓此某先生避暑处

瀛台往事话凄凉，朋党纷争促乱亡。一线曙光非易得，满朝将相不勤王。

（七）北　海

　　漪澜堂对五亭桥，山色湖光南北遥。画舫如梭忙底事，阿谁栏外独吹箫。

　　放步回旋濠亳间，不知门外有人寰。清香无赖东风送，浓淡花枝绕半山。牡丹盛开，令箭荷花数盆尤为特色

　　人间何处有神仙，休想长生千百年。看我优游一然那，小西天到大西天。西北隅多庙宇，残毁不堪。小西天在静乐园之东，殿壁佛像甚巨。大西天在五龙亭之北，内有万佛楼

（八）历史博物馆

　　历史博物馆设于午门楼上。自正阳而中华而天安而端而午至第五门，楼如凹字形。自左掖门登城入楼。第一室陈列孙中山先生初殓遗棺，及手制旗章等物。第二室为发掘古物。一、直隶巨鹿宋代古城，在宋大观二年水淹没土之住宅；二、河南信阳汉冢；三、湖北枝江汉冢。第三室碑石及拓片。第四室古今玉石器物。太平天国玉玺二方，居中，最易注目。折入事务室，临时陈列洪承畴文物史料。第五室为正楼九间。有周代铜器，三代铁器石器，明清档案，国学旧存礼器，洛阳出土各物，各种印玺佩章等。第六室有太医院铜人。全体镌注针灸穴道，后为依据张惠言《仪礼图说》所制之冠裳模型，及各省寄存寄赠物品。第七室为兵器刑器。自此下城，出右掖门，尚有

古代大小炮筒陈列于此，均有说明。予参观二小时未见第二人至，不胜凄凉之感。

凹字高楼第五门，凄凉无那泣王孙。纷陈文物疑今古，欲向城头唤国魂。

（九）天文陈列馆

馆在崇文门内泡子河城墙下，占地甚广。北进为花园，园东为花棚。棚下有三仪器，一为漏壶铜质，昔时用以记时间者；一为圭表，用以测时之器；一为地平经仪。据说庚子联军入城后将原有大仪器携走，乃仿原式制此小者，以供测量之用也。北室罗列仪器图案及地图颇多，均系明清两代天文家遗物。室外小院有两大仪器，一为浑仪，一为简仪，均铜质，明代所制，以测星辰者。登城楼，则有仪器八具。一玑衡抚辰仪，二象限仪，三天体仪，四黄道经纬仪，五地平经仪，六地平经纬仪，七纪限仪，八测道仪，均清代所制。内地平经仪，据说系法国十九世纪时制赠我国政府者。庚子时法军取去天体仪地平仪，事定即交还。德军取去六件，运至柏林，民国十年欧战停止始交还。另有测候台凡两层。设风力机一，风象仪一，发电报机一。

独步城楼有所思，斑斑古物浑天仪。休言完璧能归赵，奇耻犹无渵雪时。

（十）国立北平图书馆

前游颇太息国立图书馆之湫隘，此来则新馆已成，为予欣赏最满意之一矣。馆划北海一部分之地建筑，耗金百二十万，民国二十年开幕。屋外为皇宫式，内为欧西式，三层楼，有地下室。雕绘鲜明，屋面纯盖绿油瓦，全部似为工字形。入门，东为存物处，西为发券处。沿门一带为馆长室、会议室、办事室等。正中宽宏，东为杂志阅览室，更东为舆图阅览室、招待室。西为善本阅览室，更西为陈列室、梁任公纪念室、缮写室等。登楼，前为阅览室，中为目录室、领书还书柜。后为书库，下层为报章阅览室、四库室、储藏室等。目录编制尚为旧式，卡片分类亦然。善本室不能入，仅于善本阅览室门，酌择宋元明刊本写本及晋唐六朝写经等陈列于玻璃橱内，不能取阅。不无沧海一粟之感也。

美轮美奂莫能京，百万金钱三载成。营造翻新
法式古，翠甍映日亮晶晶。

虽非天禄亦琳琅，今古东西一室藏。若把菁华
重组织，中邦文献愈光昌。

（十一）玉泉山

山上房屋近年略加修茸，并指定游人休息处。有七真洞、吕公洞、玉龙洞，均极小。前后有四塔，高下不一，以在华严寺后者为最高。山下有猎场，都人士常习猎于此。苟有所得，以枪杆肩之而回。登山则对面万寿山、昆明湖宛然在目。余详前记。

抠衣直上玉峰尖，遥望昆明水半淹。左右争雄
留四塔，巍峨首屈古华严。

澈底澄清第一泉，探源石罅只涓涓。持杯狂饮

清无比，顿使心头俗虑蠲。

（十二）卧佛寺

寺有卧佛，故古今虽屡易名，人仍以卧佛称。后殿中巨佛作卧状，其前又有坐像一尊。周围有立像十二尊，白面华裳，皆为释迦弟子，世称十二元觉者。旁为园林，即清乾隆时所建行宫。正中大行宫已火废，现存东西厢房及二行宫、龙王堂、博爱堂、万松亭、听雨轩、灵修阁等处。大行宫前有金鱼池，二行宫后院有荷池，今改为游泳池。东跨院有东西大楼、清凉馆、霁月轩。以上各处均为青年会所租，组织夏令避暑之所，约占全寺三分之二过之。并在大殿旁设有餐馆，中西菜肴咸备。此皆前记所未及者。

娑罗古树独遮天，殿宇虽存剧可怜。佛法衰微
帝德竭，园林胜景付青年。

大殿横陈七宝床，欹身坦腹现金黄。千年一梦
何时觉，不计人间灾与祥。

（十三）碧云寺

香山碧云寺，历元明清而入民国矣。民国元年及三年，予均游之，三年并有记。今三次重来，则迥然改观。内殿四重及两旁房屋，均为中法大学、西山中学用为校舍。仅留门前罗汉堂偏殿，为僧人所掌矣。后面旧为金刚塔院，有矾石塔。塔之上层忆为四面洞空，今则悉扃之，内藏孙中山先生衣物以为纪念。旁有水泉院，小而幽。石罅有泉渗入小池，清响不绝，仍

留作游人憩息之所。院中有银杏一株，生于枯根间。据称初为槐，历数百年而枯，在根中复生一柏，又历数百年而枯，更生一银杏，今亦参天矣。又有一桑，其根茎为三株合绞而成，颇具奇姿。此合前记观之，有今昔不同之感矣。

　　廿年不到碧云寺，人物园林尽改观。最是留名
青史事，千秋塔院有衣冠。

　　一树三生独得天，知名知事不知年。问君谁与
伴晨夕，只有山腰汨汨泉。

（十四）长椿寺

　　长椿寺在宣南下斜街，明万历二十年慈孝后建，以居水斋禅师。大殿左右悬佛像十六幅，颇具神妙。殿后为观音阁，壁间悬女像，戴毗卢帽，衣红锦袈裟，题菩萨号，下注崇祯庚辰年恭绘，据说即慈孝李太后，神宗母也。又悬水斋大师遗影。此数物，庚子之役为德军携去，事后收回。观音阁正中有渗金多宝佛塔一座，高一丈五尺，残余《大藏经》数箱。平时关锁，不复轻启。前后院各有大树二株，干可三四人抱，浓荫蔽天，皆建寺时物。旁屋墙上有庚子德人所写文字，寺僧留作纪念，诚耻痕也。

　　妙笔流传落耻痕，那堪劫后赋归魂。阁中岁月
无边在，尘网纷纷且闭门。

　　参天浓翠荫空门，饱领风霜幸共存。多少悲欢
离乱恨，可怜呜咽不能言。

（十五）鹿岩精舍

寿安山卧佛寺之旁有鹿岩精舍，为周仰庵氏所筑。依山为园，有泉有石。房屋不多，观源楼一间，水流云在之居三间，书斋三间。花有牡丹、芍药、丁香、海棠、黄刺糜、爬山虎等，果树有葡萄、樱桃、核桃等。以一小园而有真山真水野草名花，殊令人流连惜去。

精舍偏教岩上营，风回云在水流清。登堂不识主人面，幸有群芳代送迎。

（十六）静宜园

园在香山，大半为清高宗时所建。宽宏精雅，甲于西山。自熊希龄、李石曾、英敛之三氏先后在香山组织自治团体，筑道路，修胜迹。设中山学校、慈幼园、图书馆、阅报处、体育场，不啻一模范村。入园见璎珞岩，极为雅致。东西均有坦道，上下四周无不通达，修平整洁。他处所不逮也。东部昭庙已改为香山医院。导者为言：昭庙原为金瓦，庙前四旗杆有金顶，庚子之役被劫无遗，幸琉璃坊未毁，经稍修葺尚可一观。在此俯视，园林亭榭，均属慈幼园范围矣。东至见心斋、畅风楼、正凝堂、就松舍一带，均可租为避暑之所。前园后山，林木葱郁，佳境也。又至夫容坪为周作民氏所经营，房屋轩敞。玉华山庄为胡柏森氏所经营，悬一联曰："山中不知岁月，世上那有神仙"。其正门远望，崇山左右耸峙，而玉泉一塔，直立如笔。风景之俊，为全园冠。双清别墅为熊希龄氏所经营。熊为凤凰厅人，或称为凤凰楼，亦极小巧玲珑之致。余香馆为冯耿光氏所经营，足供游息。尚有田中玉、鲍贵卿两氏之别墅，则未及往也。

　　万千古木密还明，几处流泉洗耳听。芒屩寻幽知比较，此间溪径最宽平。

　　崔巍坊表半无存，亭榭丹朱深掩门。王气消沉文化在，弦歌吹彻水云村。

　　短垣缭绕宛如城，占得云天一角明。莫说在山泉可爱，湖光山色亦双清。咏双清别墅

（十七）颐和园

　　西直门外二十里有颐和园，又称万寿山昆明湖，清末慈禧太后拨海军经费二百万修葺而成。四月二十四日重游至此，杂咏四截。

　　危楼涵碧殿排云，翠瓦红墙花木纷。如此经营曾几载，万民同乐不知君。

　　半园山岭皆人造，直上峰巅不畏高。怒吼风沙人欲倒，为何兀立听松涛。

　　一望昆明十里强，石船宛在水中央。西湖胜景无多让，瘦似扬州大似杭。

　　西转长堤一道斜，不亭不榭不栽花。更无老树成浓荫，曝背蒙尘两莫遮。

（十八）天然博物院

天然博物院即清代之三贝子花园，曾改为农事试验场，又名万牲园，民国改今名，加以整理。全园约分为二大部。右入和平门为动物园。兽以象为最大，禽以鹦鹉为最佳。但证以前记所载，已有多种不复存在。盖其死后剥制标本，储之另一陈列室。即如上次所见之斑马，此次见其呆立于陈列室中矣。左入自由门为植物园。农产果树，分区栽培，各置小牌，写明名称产地等。此外如农产品、动植品，各有陈列所。花圃花房均甚宽广，但似无大进展。理事室、研究所、办事处，大抵尘封铁锁，阒无一人。畅观楼富丽堂皇，一为清慈禧太后驻跸之所，一为清光绪帝驻跸之所。一切陈设，如庚子变时之旧，当两宫仓皇出走，第一夕即宿于此。前为邃春堂，后为豳风堂，中有日本式木屋三宅。登畅观楼最高平台，西面为西山之群峰，东面可望故宫及颐和园。

全凭人力岂天然，动植生机如是观。名实相符容有待，诸公何事不回旋。

富丽堂皇依旧留，当年帝子本无愁。西山灵雨休惆怅，大好春风不上楼。

戒坛潭柘记

此文载民国二十一年五月三十一日至六月三日《北平晨报》未著作者姓名。予因民国三年曾游此而未作记，阅之皆予所欲言者。谨录之以补予缺。

在系不住之残春去后，宣南花事，已报芍药盛开。留春无计，正自愁眉。有友约为戒坛潭柘之游，乃欣然诺之。辄思山林城市，寒燠不同，追春到彼，或尽余欢。且平西名迹，近如玉泉、万寿，远如汤山、旸台，乘摩托车须臾可达。游屐常经，岁且数至，独戒坛与潭柘，非止宿禅林，历一二日，不能穷其胜概。佳侣难逢，良辰易逝。居燕廿年，未尝一游，为之神驰久矣。行之前夕，时当古历四月十二日。宿雨初收，轻云笼月，知明朝之可行。诘旦，阳乌未吐，云气犹湿，然已决行，遂相就道。既抵西站，登车待发。逾时始开，蠕蠕而进，有站必停，停必移晷。同行者谓此车可谥为"特慢"也。十时过芦沟桥，天已放晴矣。车行一句钟，抵长辛店，戒坛寺来迓之山兜四乘。已迟于道左，并雇黑卫二，载行囊与随役，结队而西。初历平野，渐越山坡。肩舆行乱石中，稍缓。然新晴天气，风日融和，纤尘不生。展眼四望：遥峰耸翠，嫩草凝碧，如身在着色春山图里，不厌其迟迟也。约行一小时有半，憩于戒坛下院。庭除荒秽，不见缁流。一老者进茗二壶，群坐槐阴，出正明斋藤萝饼共啖之。稍憩复前行，度峻岭，穿棘道，行行止止，又历一小时。远瞩山半，林木菁菁，丹垣出积翠间，戒坛已在望。渐近马鞍山麓，万木颓绿，景尤幽绝。俄而石坊在前，钟声出于林表，则戒坛寺僧撞以迎客也。自此盘磴而上历十数折，磴尽处双槐当路。穿槐而过抵山门，廓然神爽。老衲笑迎而前，合十诵佛号。舆不即停直入寺门，绕大雄殿，上石级，经千佛阁，止于阁北之西山别墅。多姿古松，环列左右。俯仰其间，飘飘乎不知身在何界。西山别墅，俗称北宫，清恭亲王奕䜣之山庄。数年前李国杰借居于此，丹垩一新，今则为寺之客堂矣。地介千佛阁与戒坛之间，入门东南有厢十数楹。然自外视之，南厢又为千佛阁之右庑。别墅前院为小庭园，西南隅石上双松，直起数寻，始蟠枝作势，一幅绝妙之松石小景。北垂花门前，芍药三四丛。醉露欹红，若不自持。自门内窥，深深庭院，一片绿阴。则一本丁香，两株老杏点缀于其间。北屋五楹，曰慧聚堂，奕䜣取寺旧名所题也。奕䜣于寺有重建之功，厅中祀其遗像，并悬䜣书朱拓楹帖。慧聚堂初不壮丽，左右两厢周以回廊，亦恒制也。惟花木之胜，则莫之与京。堂前堆石为栏，植牡丹十数本。有绿牡丹二，犹自含苞。庭际四顾见松，无松不古。南望千佛阁外，极乐峰爽气翠色，扑面而来。吾四宿北窗下，静思此院宜画、宜诗、宜闲坐、宜清谈花晨月夕。急雨轻飙，听之玩之无不皆宜，而四时之美景备焉。吾意慧聚堂为寺之最胜处，然戒坛最胜则以松。千佛阁前有古松若干株，以卧龙为最奇。松身直偃石栏，横出蟠上，根际一别枝亦奇倔，与自在松相俯仰。自在松并不奇，似以高大胜。南端莲花松，繁枝翼然下垂，阴被亩许。北端一松，心已半枯，实以灰堊，老干外伸，绕普贤大师灵塔，曰抱塔松。其北巨栝矗立戒坛门侧，干数十围，九枝直上，号曰九龙。松之有名者七，皆乾隆封号，而今存者仅四。千佛阁下之活动松，二十年前已枯，只乾隆御碑存焉。寺以内无名老松不下二三十，皆郁郁有奇气。大雄殿前三株，旁枝下垂宛如翠尾，同游者谓当锡之以孔雀之嘉号。凡松之奇，吾于戒坛叹观止矣。图而存之，可谓松谱。各面取其奇姿，点缀山水间，则写成万松长卷，亦非难也。太平湖客有写松之妙笔，惜不获偕游而临绘之。寺以戒坛名，坛亦居天下第一。其制宏丽，于广殿中甃石为坛，雕镂精绝，相传创自隋唐间。明正统中，号万寿殿，周遭列戒神，上有檀香座椅十一，海内名僧必于此受戒律焉。住持务修，以事滞平。有惠远和尚者，俗所谓二当家，出为款客，蔼然可观。凡客之宿膳，必躬自调度，懃懃然不畏其劳。侍役二，亦温恭有礼，善体人意，能得客子欢。吾与同游无不多之，是日抵寺，为午后三时。用素斋凡十数品，虽豆蔬之属，皆精洁可口。饭后遍游寺内，独于千佛阁前，长松之下，石栏之旁，流连不忍去。直至暮色苍然，始返慧聚堂进晚膳。夜在堂前坐月，十时就寝。明日为潭柘之游。

潭柘距戒坛十八里，离北平八十里，而戒坛则离平方五十里，皆西山之支脉也。潭柘之胜在泉，花木得水，葱翠华滋，为戒坛所不及。平中有谚云："先有潭柘，后有幽州。"盖潭柘之有寺，远在千数百年前。为寺之最古者，晋曰嘉福，唐曰龙泉，后更潭柘。金皇统间为大万寿寺，明正统间仍为嘉福寺。清康熙时始赐名岫云寺。吾于十四日（古历）侵晨离戒坛，仍乘肩舆。路稍险，越岭风急，吹飘衣袂。旋经巉岩，下危阪。道旁时见孤松出石塘上，知潭柘近矣。将至山门，桥前双松盘绕若葡萄棚，颇为妙观。舆停大雄殿前。殿侧有老银杏（即白果树）数十寻直上，浓阴蔽空，为所罕觏。树前牌坊，记受乾隆封号。土人乃呼之为帝王树。山由云殿宇崇闳，亭榭之属，亦复精致，最妙者，绕殿为石槽两道，引泉外趋，日夜有声。寺中有松十数，皆数百年物。惟戒坛之松多盘郁，较之有逊色耳。寺役导至各客堂，居寺之东偏。临窗外望马鞍山秀色接于眉宇。坐久，知客僧二人始施施来，衲垢面黧，望之皆烟霞客，稍谈即去。进茗后相将出游。先至延清阁，左右皆竹，竹下有泉。前流杯亭，凿石为流觞曲水，惜不通泉。阁西广院殿匾曰"松竹幽清"，清康熙宸翰也。庭中双柏，高大无伦。仰望殿后舍利塔旁数松森森千尺，疏柯昂藏，颇具奇致。又西行，出大雄殿后经毘卢阁，西现一殿，为寺中最高处。举目四眺，一片纯绿。闻当薄暮，金碧楼阁出万绿中，返映斜晖，流光射入最为壮观。惜晚归戒坛，不及领略之。岫云之戒坛，在大雄殿东，不及戒坛寺宏丽。是日适遇献盐会友朝山，鸣金游行，嘈杂不可近。坛之两庑为客室，住男女香客无数。日既午，乃赴东客堂进膳。岫云治蔬，精于戒坛，惟不及其丰。饭毕步至寺后，有泉西来奔流幽涧。立桥上听之，其声清琅，知地迩龙潭，乃呼舆而穷其源。龙潭距寺五里，山路宛曲，杂树互荫，登时殊适。抵龙潭，有亭已圮，亭前潭水泠泠储为小池，别无他妙。稍憩即下，山陡难行。众谓果知不过如此，可不来也。回寺在各院观赏花木，一草一叶无不畅茂，望之若肌润肤泽之好女子致人怜惜焉。三时付香资（餐费之别名）出寺。一路杂役乞赏，阍者索引路费，一一与之。吾笑谓戒坛潭柘之胜概，无可颉颃，而僧徒人等，则有雅俗之别矣。因时尚早，坐寺外东坡树下。快谈一小时始命舆返戒坛。晚餐之后，散步千佛阁前，直待月生，始回慧聚堂。庭际列坐三四，茗碗既陈，笑言斯启。是夜遥天一色，月浸楼台，长松吟风，助人清兴，三更向尽。万籁无声，皓魄徘徊于两松之间，一幅天然画图，可以唐人"明月松间照"之句题之。夜阑归寝，梦境都清。明夕三五，初念更佳。孰知此夕竟为山居赏月之压卷矣。

戒坛寺左近多洞，最著者曰太古、曰极乐、曰三慧、曰朝阳、曰庞涓、曰观音。六洞之中，闻以太古为最胜。观音洞离寺较迹，初拟十五早往游。侵晨风作未行，又相与盘桓于千佛阁下。谈次及松，群品卧龙第一。有谓果去松下老柏，则卧龙天矫之态毕露，更见精神。又有谓凡松侧杂树，都宜蠲伐。群相论列，遍及各松，赞赏者多，独于自在松咸未致深许。自晨抵午，松下闲谈，不觉又遣浮生半日。午后三时风稍定，游观音洞。出寺后，越小邱，沿山而行。俯视千尺，草色青青，由深谷随山势而上，绿到舆前，亦奇观也。十五分钟抵洞。石垣以内，依洞穴为堂，供佛无数。观音座后，如螺下旋，为道殊广。列炬而入，时有蝙蝠掠额而过，闻洞深七十丈，半途乃废然返。出洞回寺，风又起，傍晚挟沙而至，黄尘蔽空。数十步外，台阁顿失，乃伏处慧聚堂，夜卧北窗。风荡松涛，终宵不息，如浮巨舶于骇浪中。乃自解嘲曰：是亦戒坛听松之妙趣也。翌日屡作归计，惠远和尚以风大阻行。游兴阑珊，话言亦竭，惟三两徘徊于慧聚堂前千佛阁下，抚老松而赏红叶，以消永昼耳。是夜早眠，明晨昧爽而兴。趁岫云寺遣舆迎客之便，取道门头沟回北平。五时离寺，旭日初升，晓雾已解。平旦之气，爽人心脾。惠远和尚殷勤相送，且约后游，至寺门珍重而别。舆行山半，又闻钟声，则寺僧送客也。前度刘郎告我：出寺南行登高岑，瞰戒坛，有宋画院青绿山水之趣。惜未及游焉。戒坛寺距长辛店三十里，距门头沟则仅二十五里，山麓下接平畴。吾果续游，当取道于此。下山行驶，一小时已十里而遥。抵某村，憩树下，回望极乐峰，峭然在目。山凹浓绿，楼阁沉沉，若戒坛寺默默流盼，遥对吾人致惜别之情焉。七时半抵门头沟，又乘特别慢车而返，到寓时尚及午餐也。回平七日，知友屡以山游乐乎见询，懒于言传，乃为斯记，并以告后之往游者。夫良辰美景，一逝无痕，不有记述，空负兹游。惟一入城市，俗念复生，何能为妙境写照。山灵有知，应笑我唐突戒坛、潭柘矣。五月二十九日晴川记

游资一览

（一）火车费

（甲）取道长辛店。每人三等车费四角（无头二等）（按）长辛店直达车，每日上午十时十五分一次，下午五时一次。均由西车站上车，一小时可达。又凡平汉下行车，均可乘搭，车费同。

（乙）取道门头沟。每人三等车费四角五分（无头二等）（按）门头沟直达车，每日上午六时五十分一次，十一时二十分一次。下午四时五十分一次。均由西直门车站上车，一小时零若干分可达。（又按）凡两路车到达后半小时，均有车来平。

（二）轿及驴子赁费

（甲）由长辛店到戒坛，由戒坛到长辛店。由门头沟到戒坛，由戒坛到门头沟。乘轿每乘每次均二元四角。乘驴子每匹每次均六角。

（乙）由戒坛到潭柘，由潭柘到戒坛。乘轿来回两次，每乘二元四角。乘驴子来回两次，每匹六角。

（丙）在戒坛或潭柘往游寺外各洞。视路途远近，乘轿每

乘四角、六角或八角，乘（轿子）〔驴子〕每匹三四角。

（三）香资（即食宿费）

（甲）三四人或四五人。在戒坛或潭柘一餐，无论饭及面食，可付香资三四元，赏钱三四角。

（乙）三四人或四五人。在戒坛或潭柘止宿三日，可付香资十元、十二元、或十六元，赏钱二三元。

（丙）一人在戒坛或潭柘留宿一星期，可付香资五六元，赏洋一元。

居庸关记

　　自北京西直门外乘京张汽车，历清华园、清河、沙河而至南口。南口，居庸关南之要隘也。自此乘舆出关，可畅观万山形胜，但须一日程，未果。余等午餐于南口旅馆，仍由汽车至青龙桥。地势递高，列车自下而上，驶行山麓，迂回曲折殊延缓。机关车在列车后推送以登，有历五十尺而高一尺者，有历三四十尺而高一尺者，有历二十余尺即高一尺者。盖至此距北京百二十里矣，凡穿山洞三。居庸关山洞长二里许，次为五桂岭山洞，华佛寺山洞。而以八达岭山洞为最长，约三里有奇。当车至青龙桥，绝万里长城而过，折入八达岭山洞而至张家口。八达岭京张全路之最高点也，其山洞高于西直门平地达一百八十丈云。随山敷轨，凿石架桥，工程之难，宁待赘论。而车行稳适，路政亦整饬。轨道之旁遍植松梓，绿阴蔽日，不知炎苦。旅行得此，无殊登仙。督是路工者，为粤人詹天佑。始终其事，未尝假手一异国人，而成绩优美如此，詹氏诚吾国路工开幕伟人哉。

　　居庸关南北口相距数十里。万山丛叠，形势雄奇。自南口行历鸣琴峡，山泉泪泪声如鼓琴故名。复北越五桂岭，山石迎人，峻壁如削。壁间有肖像二，相传为杨五郎、六郎遗影。六郎影已模糊不可辨，五郎则须眉宛然。山下有大石，或谓是六郎点将台。按宋杨延昭知保州有战功，在边地二十年，契丹惮之。目为杨六郎，延昭初名延朗，《宋史》有传，初行非六。且杨氏父子战功，多在代北，而此间乃有遗像何也。五郎之称亦不见正史。余谫陋，记忆不审。客中无书，他日再当考之。已于途次见危峦之上有若堡砦者，曰九龙关。袁观澜先生为余言：是处有元初之纪功碑，镌中外文字，状如巴黎之凯旋门。惜匆匆轮铁，未能一抚摩也。

由八达山洞之右登万里长城，其高度略如京师城垣。山上有南北二门。北门镌四字曰"北门锁钥"，字大二尺许。南门亦四字，唯斑驳不可认辨。自北门登城极目远眺，第见城垣蜿蜒如巨蟒忽起忽落，随山势之低昂，无百步平坦者。峻削处为磴道，每级距离尺许，又窄不容足，且随处有倾圮，益难信步行。余等联袂上，喘声时作。每越一峰，必憩息片时。余几畏难思止，然互相策励，卒努力登最高峰。俯视平原，青苍一色。汽车之轨，绵亘如悬绳。车站之屋，卑小如鸡埘。四围则重峦叠障，云烟迷漫。长城曲曲斜上，左右顾视不见所止，呜呼伟哉。外界既气象万千，不期而令吾人之意态亦雄且杰也。

城之建筑悉用巨砖，砖凡三种。一为方形，广袤各尺许，厚可三寸。一为长方形，体积略同。一为坡形，底平面凸，中线隆起，两旁坡削，体积亦如之。城垣之堞，有为凹凸形，如内地城垛者；有仅为女墙而无垛者。其随山起落处，堞垛相叠成直角，遥望如锯齿然。坡形之砖，即覆于堞顶者也。城垣之面积，宽约丈余，敷以巨砖，阶级甚整。每一高峰，筑方城于上，大小视地势定之。嗟乎，古之防御以城为主，而城之大莫与京者，古今中外厥推长城。史传所载：此城之历史殊古，可得而言者约分三期。最初为战国燕赵筑城备胡。燕城起造阳迄辽阳，赵城自代地而西。造阳者，上谷郡也。寄身八达岭之巅，见群山之中平原一片，乃恍然于古之命名，不苟于义也。其次为秦。秦因燕赵所筑，联络而扩张之。起临洮，迄辽东，东西万余里。复次为隋。《元和志》有开皇城、有大业城。开皇城所在地为楼烦，大业为灵州怀远，皆非秦人所辖地也。然则长城者，乃竭三代之财力而后有此大观。说者谓有明一代，尚多修葺之功。故迄今二千数百年，其遗迹可见者，犹雄壮若此，能不令人惊且骇哉。虽然时代变迁，攻守殊势。陆战恃铁路，水战恃兵舰，长城万里安所用之。耗无限资财，丧无数民命，其结果乃仅仅供历史上之谈助，此可谓之长太息者也。余等踞坐城上，纵论今古，流连凭吊，百感咸集，非不文如余所能道其情况也。游兴既阑，白日且夕，相将下山，仍附汽车返南口旅馆。时民国元年八月三日。同游者六人，天津张寿春，武昌余日章，南昌蔡漱芳、周蔚生、胡家凤也。

十三陵记

　　直隶昌平州有明陵焉，自成祖文皇帝及庄烈帝凡十三人葬于此，故俗称十三陵。乘京张铁路汽车由北京至南口，由南口骑驴至陵，往时自陵之正面入，凡三十五里。还时有捷径，约减五里。

　　成祖之陵曰长陵。外有石牌坊，尝毁于兵燹。清季端方督北洋，拨款修复，有碑载其事。自此至长陵尚十五里。初入为大武门，更入为皇墓碑亭。亭之中建《大明圣德神功碑》，其旁建清乾隆帝御碑。亭之外有盘龙石柱四，高约四五丈，分耸四隅。后有石兽左右对列，为狮虎豹象牛马之属。每兽四头，两伏两立。兽尽则为石人十余，作文武装，皆完整如故。渐登石坡，宽而长，坡尽即长陵正门，更进为稜恩门。院有倒挂松、卧松，姿势奇丽。其他古树屏列，类数百年前之遗植也。正面为稜恩殿九间，殿柱皆楠木凡五十余，中数楹大可三人抱。殿设木栅，栅内为龛。龛设宝座，座设木主，为明成祖文皇帝之神位数字。龛前一长案，炉一，烛台四，高三四尺皆丹色。殿后为陵，由地道入。道内为斜坡，自下而上。复折向左右行，乃登陵上，形似城垣。巨碑高丈许，大书"成祖文皇帝之陵"七字。极目远望群山环绕，形势剧佳。有美国人某携膳宿具宿此碑下已数日，绘图摄影，撰为文章。虽不知其何用，然外人之乐旅行、好实验，可见一斑矣。既出，与张君寿春、余君日章、周君蔚生、蔡君漱芳、胡君家凤在稜恩门下席地围坐。呼门者煮茶进，出所携面包鸡卵，且饮且食。适侯君鸿鉴独游至此，引与同食。乡间老幼，聚而观者且十余。采风问俗，如良友然。休息一时许，给门者及茶资各银币四角，遂骑驴下山。

长陵之左右为昭陵、景陵、永陵等。定陵毁于火，其他诸陵皆无殿，无可流连。最后为思陵，即庄烈帝之葬所，规模甚小。其外为小武门，归途过其下未入观。时及午刻，炎天酷暑，得得而行。危岩斜坡，或上或下，或沙石错杂，无大道可通。渡河六七次，驴行水中衣履为水点所湿，转喜凉爽适吾意。往还六十余里，善骑者亦苦疲劳。余与张君皆堕地，既堕复上，游兴勃勃，虽小有损伤，不之顾。及抵旅馆，相视狂笑。盖皮肤为日光所蒸，颈以上与他处较，红白两色绝然不相容。而举杯狂饮，据榻长卧，莫不道苦。吁，岂其苦欤。彼久居山野间者，固犹是康健国民也。我辈特习之未惯耳。时隆隆声起于门外，馆役报道汽车至，遂相率附车返京。时民国元年八月初四日也。

北京听王弦子记

北京有王玉峰者，以弹三弦名，人咸呼为王弦子。上至公卿，下至妇孺，类能道之。予至京，亟欲一稔其妙。王常奏技于三庆园。苟召之来，每四小时值金六两，又车钱二千。偶语朋辈，乃与予同与癖者，约六七人，一夕假座武进会馆，遣使与约。及期，王来，三人与之俱。一相者，挟青布囊贮弦子于内。一孟姓，年可四十许。一刘姓，童也。孟刘曷相从，盖王每奏一曲，必休息若干时。孟与刘乘间为戏法，使听客之耳目更相为用，聊免闲坐。孟刘之技，亦有难能者，特他所尝见之，故不若欢迎王弦子之甚也。

王本北京人，两目皆盲，年四十许。幼即善弹，及壮弥精。所挟三弦，不异恒具。众宾围坐，王整弦讫，忽闻军乐大作。鼓声、金声、箫声、嗽叭声，声声清晰，而军队进行时之开步声、马蹄声，悉与乐之节奏相合。前后凡四歌，莫非近日军中所流行者。客秋光复之际，南方军队络绎于道。每当操演出入街巷中，将校常令兵士唱军歌。无男女老幼，伫足以听。予闻玉峰之三弦，几疑复历此境。然而斗室之中，仅一盲者一三弦而已，固非千军万马之场也。

　　玉峰自言，能奏旧剧二十余出，而尤善者为《空城计》《二进宫》《韩琪杀庙》诸剧。是夕令依次为之。玉峰乃首演《空城计》。初出场时唱摇板，疾徐扬抑，各得其宜。至坐在城楼一段转唱西皮，继转二六，莫不曲折如志，而几番狂笑尤觉得神。次演《二进宫》。生旦净互唱二簧，字字宏亮。又次演《韩琪杀庙》，则秦腔矣。声之尖利，韵之流宕，其悲哀处自足引起听者一种凄楚之态。既毕，座客欲一闻反二簧，乃令续演牧羊卷一出，亦复高亢可听。会馆非剧场，然管弦丝竹之音，凡所应有无不俱有。予非知音者，然整襟危坐，悠然神往。抑若孰为生，孰为旦，孰为丑，熟为净，更迭登场，炫耀眼帘。及趋视之，则一盲者，手三弦子，指挥手送，倏上倏下，其秩序毫厘不能差也。始吾疑其手之妙，未必若是。或乘间佐以口，否则助以足。既得详审，乃知用指之度，视发音之繁简而别。音简用指少，音繁用指繁。简时用指仅一二，繁时胥十指而并用之。故其发音之复杂，有不可思议者。噫，技至此，亦云神矣。归而为之记。时民国元年七月二日也。

　　余读《聊斋》口技篇，疑是文人狡狯。读我一是记，亦不信也。然王弦子且来沪，售技于张园，入座券每纸易银币二，犹且无容足地。今而后知吾理想之拙也。金石丝竹，匏土革木，所以表音者八。唇齿喉舌不与焉，有其一而幻其八，且兼唇齿喉舌。王弦子诚前无古人矣。然则吾人之智慧，亦何事不可为哉。（焦木）

北京看花记

　　壬申（民国二十一年）春，以事至北平。适值花期，乃于假期及闲时策杖寻花，认为难得机会。四月九日有友约往大觉寺看杏花，税车待发而友病中止。翌日有往游者走告，无甚可观。前闻杏花漫烂十余里之说，非事实也。十九日清晨，独游宣武门外西砖胡同法源寺。丁香盛开，大雄宝殿前后白色百余株，紫色四五株，与中山公园相颉颃。此花在南中不多见，故觉别有风味。当时口占二绝云："古寺名花绕殿稠，晨曦掩映淡香浮。紫如霞彩白如雪，万朵千枝笑独游。""入门丛树影婆娑，不叩禅关信步过。金碛阶前多古迹，唐碑辽石足观摩。"都人士以中山公园交通便利，咸集于此。凤负盛名之法源寺，罕有至者。予亦以晨夕之暇，来园观赏。法源寺仅一至耳。交通之关系大矣哉。丁香初谢，牡丹已开。曩闻父辈力绳崇效寺之牡丹，今岁在此，亟欲一观。崇效寺唐刹也，在宣南白纸坊。其牡丹七八十种，有数株已历二百余年或数十年者。花冠丰腴，若碗若碟者殊不足奇。色则红白黄紫之外，有绿色黑色。其名多至不可胜记。略忆之有众生红、晚生红、鹤顶红、大蒲红、红绣球、冰晚红、池粉西施、茶花衣、醉仙桃、醉酒、醉杨妃、大杨妃、姚黄、爱姚黄、魏紫、一品朱衣、紫凤楼、紫燕飞、霜葛巾、紫石绿、豆绿、宋白、何白、素心白、莲心白、梨花雪、雪塔、银粉面、观音面、美人面、蓝田玉、玉带春、玉堂春、太极春、太极图、金凤楼、玉重楼、水丹楼、二乔争艳、众生黑、墨葵、烟罩紫、朱盘等。内以绿色墨色为最名贵。中山公园及故宫博物苑三海皆不易见也。中山公园所种花名，为崇效寺所未见者又有白玉版、状元红、大红剪绒、白绣球、赵粉、朱衣、烟笼紫、珠盘、墨魁、冰罩红石等。他处固鲜以小牌标名者。崇效寺每值花期全寺开放，特设茶座，供人入览。中山公园则以五色绢灯悬诸各花畦，以电灯代蜡炬，不特生色且便夜游也。牡丹谢后不及一月，芍药又开。则中山公园较为繁茂，色以红白居多。五月下旬绛雪轩有太平花，轩在故宫御花园内。花仅一株，甚繁密。色白而香，初名绛雪。高士奇《天禄志余》：此花出剑南。似桃，四出。千百骈萃成朵。天启中献至京师，仁宗赐名太平花。《益都方物略记》：又名瑞圣花，出雪城山中。高者寻丈，数十跗共为一花。有数种，浅红者为醉太平，白者为玉真。都人竞移植园中云云。吾生南方，固未之见也。予得于此见之，亦是佳遇。曾有句云："特色奇香冠旧京，天心重视赐嘉名。花开花落无时了，愿与年年话太平。"

法源寺看牡丹漫咏

岂甘浪掷堂堂春，到处寻花不约人。寺以花名花满寺，欲放未放嗟蒙尘。连日多风沙花蕊减色。春信迟迟人寂寂，每岁花期寺中开放，今以春寒过甚，尚须迟缓三日云。五光十色劳分晰。老衲殷勤指黑头，百世流芳信无敌。众生黑及墨葵他处均少见。葛巾朱衣斗艳姿，淡妆浓抹粉西施。姚黄宋白自清雅，俗子嗤彼不入时。青非青兮碧非碧，绿衣摇曳冠阡陌。二乔--品金凤楼，亦足陶醉座上客。

岐阳世家文物展览会记

李文忠字思本，小字保儿，泗之盱眙县人。父贞，追封陇西王，谥恭献。母朱氏，明太祖姊也，追封孝亲公主，为曹国长公主。生三子，长幼皆殇，次即文忠。生于元至正辛巳，十二岁而母死。父挈之避乱，转辗军中。逾二年，得谒太祖于滁阳。太祖抚为己子，使从己姓。年十九，以舍人率军援池州。从此辅佐太祖，立功马上。佥院金华，开省严陵，平马龙，破苗獠，援诸全，逐元帝于开平，追元嗣主于北庆州。开国承家，功绩昭然。洪武三年，复姓李。卒年四十有六。追封岐阳王，谥武靖，配享太庙。长子景隆，与于靖难之役。其后获罪禁锢，弘治被赦复封。明亡，子孙入旗籍，遂居北都。旋得脱籍，应试服官，代有闻人。文忠墓在南京钟山之阴，蒋王庙之侧，徐中山王墓之北，距太平门约五里。近由其二十一世孙国寿出所藏世代文物五十六种，经朱启钤、瞿兑之、陶洙等竭半载之力，排比参证，编订装治。而后李氏六百余年之历史，朗若列眉。内有太祖所赐墨敕及亲御服物、记功图册像册、别传、历代画像等最为珍贵史料。又如太祖御用手帕一方，为文忠入宫朝觐太祖裹蒸饼数枚以赐者。帕系长方形，丝质，中有佛像及卍字，又有张三丰像，系三丰自绘以付李氏者，神品也。朱瞿诸君组织"岐阳世家文物展览会"于中山公园，并编刊文物考述一卷，疏证甚详。不赘录。北平自辽以来，迭为政治重心。世家旧族，凿楹之藏，当必不少。此会之设，足与正史相阐明。予一般关心文史者以深刻印象，故予抒笔志其崖略。民国二十一年五月三十日记于北平聚奎店之一小室中。

重光汉族震人寰，百战功劳马上还。留得南都一抔土，古今三杰话中山。徐中山李中山及今之孙中山

洪承畴文物展览会记

　　自中山公园有"岐阳世家文物展览会"之设，颇引起一般对于文史需要系统材料者之兴趣。未几而历史博物馆又有"洪承畴文物展览会"。只以洪李，忠佞不同，故洪会之展览者远不逮李会之踊跃。可知人心未死，聊足为慰。予则以史料为主，特于六月二十日之晨往观之。洪氏于明清递嬗之际，身系一代兴亡，功罪早有定证。洪字彦演，原籍福建南安，生于明万历二十一年九月二十二日。万历四十二年进士。历史博物馆搜罗史料，得承畴夫妇影像，洪氏世系表，洪氏墓地、墓碑、金台书院现为第十六小学校。洪祠大门、二门等影片，墓碑拓本、崇祯十二年洪氏监造之六千斤铁炮及炮铭拓本、洪氏揭帖数十件、洪之年谱、奏稿、笔记、清史稿贰臣传、清太祖圣训等，极为赅备。内如清顺治三年二月十九日洪氏进兵徽州捕杀黄道周揭帖，颇为观众注意。盖洪氏与道周同朝，一时称为理学纯臣。洪氏松山之败，被擒降清。举兵南攻明遗臣周金声等，又下云贵，逐走明桂王朱由榔与李定国等。由云南回京，即乞休。康熙四年卒。墓在北平西直门外麦庄桥丛莽中，荒落久矣。故宅在北平南锣鼓巷，三百年来仍为其子孙所世守，结构迥异常屋云。历史博物馆由洪氏第十世裔孙永清处征集不少史料，加以多方搜罗，历三月而会成。来会之人，终以其名列贰臣传，遗臭万年。当时虽身佩五省经略印绶，重遭清室疑忌。致仕之后，仅予薄职，子孙式微。然则人亦何乐而为汉奸乎，后之人其猛省之。民国二十一年六月二十一日记。

　　理学纯臣作贰臣，千秋青史墨痕新。一生一死分忠佞，地下何颜对故人。

　　一姓求荣万姓愁，夷齐何事不宗周。匹夫与有兴亡责，宝剑还须斩佞头。

　　中原莽莽逐胡尘，国破家残剩此身。姑与使君进一解，千秋青史几完人。

　　逐北功成国脉残，乞归骸骨岂心安。滇南士女惊相告，省识威仪是汉官。

　　荡荡松山可葬身，降旛一竖种何因。神州纵有沧桑变，莫把斯人步后尘。

河北第一监狱记

　　河北第一监狱，在北平宣武门外自新路，占地二百十亩。门前道路宽阔，长约里许。两旁大树垂垂，树下遍植蜀葵。五色缤纷，不费分文而得一时景色，计甚得也。典狱长新会梁锦汉君字平甫招待于办公室，殷勤谦和。据言所属凡三科，职员十余人，管理员百余人。典狱长及管理员皆制服，来此三年，修建道路房屋已不少。整治庭园，严密教养，倡导工作，事已毕举。而经费不充，言下有难色。虽然，已令我钦仰多多矣。

　　监狱管理宜严，不待言也。梁君则言无日不在戒严中，然能宽严并济，故内外翕然，非一朝一夕所能致。全狱千余人，无论何处，寂静无哗。室宇、庭园、厨湢、廊榭，无不修明整洁，如置身于深山古寺或高尚之教育机关，几忘其为狴犴森严之监狱矣。

　　工艺方面：有织布、染色、裁缝、编织、磨粉、制版、铅印、石印、装订等科，均曾参观。观其出品陈列室，尚有木工、藤工、漆工等，亦均坚实适用。发售所得，提什一给罪人。罪人每月工作若干，由管理员随时登记。应得工资，由管理员入账，罪人可在项下支用。及出狱时，余数尽给之，聊作谋生之资本。

训教方面：有教室，上午、下午各课二小时，大抵高小程度。训诲室，凡训导、劝戒、晓喻等事在此行之。宣讲室，每周有西教士来此讲道。图书室附于教室内，未见充实，略有中国旧书佛经及俄文书数架。

卫生方面：有理发室，每人每二周理发一次。盥漱室，每日三次。洗濯室，定时洗衣服。浴室，有盆汤、大汤二种，并有淋雨浴室。特设医务所，西医三人，中医一人，视病状之轻重难易，指派就诊。罪人亦可自行请求。候诊室、诊察室、割治室、配药室咸备。休养室，一铁床，一几，一凳。可携书入内阅读。

宿舍有单人室、三人室二种。皆木床，各用被褥虽不一律，亦尚清洁。壁间一穴，悬电灯，两室合一。各有通风通气之窗，窗设铁栏。门包铁皮，一小方格，插小片，写明姓名号数及入室年月日。更一方洞，饰以铁门或两圆洞饰玻璃，巡查员于此视察。宿舍之建筑亦特别。其中部约如六角亭，正中一角为大门，余五角每接出平屋一列。中为通路，两旁为鳞比之房间。通路之顶高出于房间之顶，两面开窗，光线空气均能适宜。

工场宿舍之四面，遍植花草树木。辟土路，或圆或方，或直或斜，罪人暇时散步其间。

人不幸而犯罪，法律制裁，遂失自由。尝闻人言：监狱即地狱，其黑暗可知。今见此，不特非地狱，且优于普通之家庭。可法也，罪人亦人，非生而获罪者。惩其既往，策其将来，要以教育为归，而感化其天性。培养其自立，尤不可忽。梁君亦有心人哉。二十一年六月二十四日记。

　　不自由人亦自由，兴居无苦食无忧。心灵偶被行为误，悔过知新即上流。

　　花木清华亦乐园，生机无限有渊源。愿当清夜扪心问，何故交通隔一垣。

济泰记

　　域内五岳，泰岱为尊。江南人欲游岱，必困顿舟车，淹滞岁月。自津浦铁路既通，欲适齐鲁，宿舂粮耳。向之震惊泰岱者，莫不联袂往游。民国二年四月三十一日之夕，余在沪宁汽车中，则蒋子竹庄约余往泰山。于是日首途也，是行也。历游曲阜、泰安、济南诸胜，八日而返。故友索游记，覥然应之曰：古今士大夫以泰山游记行世者，不可屈指数。少读姚惜抱文，犹仿佛能背诵之，近如张沌谷、侯病骥皆有述作，吾焉敢从惜抱后。而证今考古，不如沌谷；即景赋诗，不如病骥。第以所游不止泰岱，故琐琐屑屑，辞不惮烦。非欲以文鸣，聊为后游者之导耳。

　　五月一日晨，七钟后沪宁汽车达下关。即雇人力车至江边津浦铁路公渡，车资计铜币七枚。有小汽船泊江滨，携取行李登舟，每件铜币二枚。八钟解维渡江，约一刻钟至浦口津浦铁路车站。津浦南北往来，向为特别快车及慢车二种。快车有定期，慢车则徐州、济南两站，晚间须停车。自今日始，增开寻常通车无间昼夜，行旅便之。不意站中人未谙事实，谓曲阜不停车，购兖州二等票，计银币十二元六角。车制不甚华美，二等车当沪宁之三等，三等车当四等，唯头等陈设尚佳。有客车餐车，餐车唯头二等客可入。早膳银七角五分，午膳一元二角五分，晚膳一元五角。自浦口至徐州，车行平野间，麦苗将秀弥望青绿。无大山，多土屋。人民类贫苦，衣服蓝缕。既至车站，老弱妇孺鸠形鹄面者数十辈，相集哀乞。或掷以钱，则群趋争之，如游鱼之得饵。妇女以尺许青布裹其首，双翘纤纤，鞋缘饰红带。久居沪上者，疑见十九世纪中叶人也。距浦口至第一站为浦镇，即江浦县。城筑山上，有亭二，翼然在望。明光、临淮关、固镇、福履集均尚繁盛。临淮有炮兵数十人，旧式炮车纵横排列。岂国家借以防御者欤。福履集站上路牌则称符离集，未知孰是。夜一点零五分至兖州站，军警林列。巨灯四五，红字大尺许，有作张字者，有周字者胡字者。旅客下车，略受检查。忆自徐州至此，二等车中常有大辫服玄衣之兵士。头等车中则纠纠军官，上下更迭。或谓为张军统勋之部兵云。余等既购兖州票，至是询明曲阜例停车，乃向验票者补购曲阜票，每人二等车计银四角。验票者受银讫，扬长而去，并无补票。幸下车亦不收票。若长此不改，则弊将丛生矣。一点四十六分钟到曲阜，下车持卢梅亭君绍介函请见站长高润增君。高君天津人，谦和有礼，为余等下榻焉。车中颠簸一日夜，今乃安居。旅客有此快慰之情，不可言喻矣。

五月二日，晴。晨起，高君饬庖丁治鸡子片儿汤相饷。餐毕，雇骡车两人共乘之。曲阜车站在姚村，即《论语》之互乡也，距城十有八里。骡行甚濡，道路亦劣。半途有河，两岸皆黄沙。骡车入水而过，即泗水也。乘舆济人之说，向者读之，不知何指，今乃实验得之。水深不二尺，涨时可至丈余。行人至此，皆跣足以渡。岸旁有箕踞者，行人不欲自涉则呼此人负之，每次给铜币一二枚耳。未几入北门（名延恩门），过陋巷及复圣庙而至至圣庙。庙前石坊，第一曰"金声玉振"，坊内为棂星门。第二曰"太和元气"，第三曰"至圣"。由至圣坊入为圣时门，阍人迎之，饮以茶毕。一人导观，树木参天，碑碣拔地，规模较北京之孔子庙雄壮数倍。渡桥由弘道门之旁入，门左右有明碑，直登大成殿，凡七间。外有回廊，八角石柱十余，大可一人抱。雕龙工致，他所未之见也。殿中圣像高约七尺，冠十二旒，手拱笏，服黼黻之衣。所谓山龙华虫藻火粉米等，历历可证。前置丹色木架，祭时用以盛牛羊豕三牲。更前列五尊，太尊、牺尊、礼尊、象尊、山尊是也，皆铜质，色苍黝古态盎然。前有紫檀案，案面有痕，审之字迹甚明。甲周夔凤豆，乙周宗簠，丙周伯彝，丁周牺尊，戊周亚尊，己周饕餮甗，庚周蟠夔敦，辛周四足鬲，壬周册卣，癸周木鼎，常时皆藏于衍圣公府。更前设景泰蓝烛炉三及花瓶二，高各三尺许，皆清雍正间物也。又三足铜鼎一，色颇苍古。檐前皆藻绘，蔽以铁网，所谓罘罳也。王者之居，古制如是。圣像两侧，列四配及十二哲，皆有像。袍笏森严，备具温文尔雅之态。后殿俗称寝殿，祀丌官氏，规模与大成殿相似。更入为圣迹殿，有石刻一百二十方。每方纵尺余，横二三尺，将孔子生平事实，各绘为图，骈砌于壁间。前有石刻"万世师表"四巨字，左右列圣像碑及清帝御碑各数方。西殿为启圣祠，殿三间。祀圣父叔梁纥，亦有像。案前一四足鼎，为明弘治年间所制。前为金丝堂，堂前为启圣门。后殿祀圣母颜徵在，无像。有牌书"祀圣王夫人"诸字。东殿为崇圣祠。祀孔子五代祖先。中曰肇圣，两旁曰裕圣、昌圣、诒圣、启圣，皆称王。其下有数小龛，祀孟皮及颜氏孔氏诸祖先。东殿庭前有红壁不甚高，有碑书"鲁壁"二字，其旁有孔宅故井。更前行入诗礼堂，庭中多古树，有柏树、槐树、杏树各一株。槐枝倒垂及地，以木架之复蕃植而上，姿态颇伟。导者言是为汉柏、唐槐、宋银杏也。诗礼堂前为承圣门，崇圣祠后为家庙，又后为后土祠，未入览。大成殿之前为杏坛，方亭一座，中植石碑书"杏坛"二字。左右置钟鼓各一，正面有清乾隆御碑。东院有先师手植桧，并不古茂，其为后人所植无疑。明万历年间关西杨光训刻石于壁。大成门之前，列清康熙、雍正各碑。更前为奎文阁，高三层，建筑雄壮。二层不通光，三层颇宽敞，唯四壁空如，满地唯鸟粪而已。是阁旧藏列代图书甚富，后以被窃将尽乃移残余藏之衍圣公府。庭中古碑屏列，元碑凡两亭。东有金宋碑合置一亭，又清碑二亭。西有唐碑一亭，又清碑二亭。皆有拓本可购也。孔庙之游，入门总费银一元四角，茶资铜币十枚。持圣墓蓍草二束，强余等购之，复给铜元二十枚。出孔庙数百武，有石坊，书"陋巷"二字。前有顺兴店，陈设简陋，然已为曲阜旅馆之冠。庋板为榻，铺以高粱之杆，覆以芦苇之席。苟欲寄宿，必携旅具。附设庆远楼，酒菜咸备。余与竹庄午餐于此。餐毕，徒步至颜庙。正门有额曰"复圣庙"，左右二门，曰"约礼"，曰"博文"。殿前之门曰"归仁"，曰"克己"，曰"复礼"。门前大院古树葱郁，正中为陋巷井，有亭有碑。井上绕以木栏，井尚有水。亭后盘松数树，势如虬龙，其为千百年间物欤。内殿亦宏壮，但视至圣庙不逮远矣。

出曲阜北门，即至孔林。城外有平桥，自此至林之棂星门有坦道，松柏森森，夹道骈列。人行其中，意致穆然，此则心理作用，故觉与寻常风景异也。

入棂星门西行折而北，过洙水坊，左右有下马碑。渡洙水桥，其下为玉带河，宽深皆不及丈，水亦甚浅。入墓门，华表左右各一，石兽四，并有二石人屹然对立，冠带肃然。是固尝迎送历代帝王，饱阅兴亡陈迹者。宇内翁仲，亘二千余年之久，有不断脰折胫，沦没蔓草荆棘者乎，而此独巍然无恙。从可知天爵之尊，非玉食威福之帝王所可比拟也。正面为享殿，殿后西偏，为大成至圣文宣王墓。碑高丈余，篆书严谨。旁有屋三楹，为子贡庐墓处，内祀端木子神位。圣墓之前，为三世祖沂国述圣公墓，右为二世祖泗水侯墓，左为四世祖墓。是墓与泗水侯墓及至圣墓东西并接，沂国公墓与至圣墓则南北相接。使伧父见之，必以阻碍墓向为虑。而圣裔绵延于万斯年，可以证风水之说之谬矣。墓旁有亭二，后为宋真宗驻跸亭，前为清乾隆驻跸亭。是亭之南为楷亭，旧时亭畔有子贡手植楷，清宣统元年为雷火所焚。对面有古松，同时被毁。干存丈许，洞其中火痕宛然。当时国中喧传圣庙火，殆即指此。今筑亭立碑志其事，并图楷形刻之，洵保存古迹之道也。圣墓之旁，土封累累，圣裔皆附葬于此。遗荫之长，洵莫与伦也。

孔林占地四十里，有墙围之，尚完整。入门有人导游。游毕憩于思堂，即祭墓时官僚更衣之所。厅三间，空无所有。守陵者以茶进，给二十铜币，又游费总给五十铜币，导者十铜币。据称冉、卜、颜、曾四姓凡十二家守此圣陵，借游资以糊口，别无所入。每得资，即作十二份分派云。出林，乘骡车回津浦车站，时已六时半矣，车费共银币一元八角。高君润增遥指一山谓予曰：是即尼山，距城约六十里。烟云迷漫，若犹有瑞气蕴其间。高君并述曲阜古迹，以衍圣公府所藏为多。衍圣公终岁困于祭事，不遑他务。凡陵庙及府内职员，皆由衍圣公任用，可七八十人。以司藏书楼事为优差。府藏历代帝王图像，内明太祖像有二。其一长喙大耳，与今日流行者相似。其一白面修眉，姿容美秀，则为称帝后之形态。一人而二像，可知失真。杭州天乙阁亦藏帝王图像。明太祖只有一帧，亦白面修眉，与今亳泗所存石刻及焦山所存图像不同，而与衍圣公府所藏则合。然则存而不论可也。

孔林墙外有土墩，相传为伯禽望父台。诘之言者，则称伯禽初封鲁，年尚幼，常登此以望父云。曲阜城甚小，西门街道绝至圣庙之中门而过，庙之前门即曲阜之南门，前代非钦使临奠不得启。民国时代似可变通其制矣。后距北门，亦仅半里。于以知至圣庙之宏广，实占曲阜全城之泰半。居民亦以孔氏为最繁。曲阜今城为严嵩时所筑，旧城距今城五里，今称旧城村，城址犹可觅也。距今城东十里有少暤墓。城西五里有相戏村，为战国时秋胡戏采桑女子处。旧剧《秋胡戏妻》即其事也。今有庙并碑，碑志秋胡自经死，与国策同。梨园所演谓夫妻言归于好，失其实矣。城东五里有二贤庄，为汉时邓伯道故里。旧剧所演桑园寄子，即其处也。东门内有池，池中有小洲即所谓泮水。城外有南关镇，一泓流水，既清且涟，即曾点氏歌咏流连之沂水。其东南半里尚有舞雩遗址云。是晚高君邀同餐，菜六簋，饼二碟，和以粥，既美且丰。余为果腹，以志饱德。高君事毕，相与畅谈。至一钟四十六分通车到埠，复购二等车票赴泰安，计银一元六角。高君送至车上。余谓高君：曲阜为圣贤丘墓之乡，古今中外咸深景仰。向之士大夫因交通不便徒殷向往，自汽车大通庶几高山在望，远方之人咸遂其景行矣。际此礼教陵夷之日，正宜就圣人之流风余韵尚在人间者，恢扩而张大之，以资观感。然则为曲阜士大夫及衍圣公策，当亟亟从事者有五端。（一）自车站筑一孔道，直通延恩门。原系平坦泥路，修筑不难。唯泗水上须架平桥，亦不过千元事耳。（二）就车站附近设一小旅馆，规模无取宏大，唯尚清洁。（三）车站创制藤舆数乘，或驴马数头，任游者之取用。（四）孔子为万世之师，其后虽食有常禄，而陵庙之间尘埃封塞，殊失尊敬本意。亟宜规定修葺时期。（五）至圣陵庙，门设常关，乃数百年来尊圣之陋习。发扬圣德，当如西教成例，时时引人入堂，宣讲遗旨，缅想德徽。今以至圣尊严之地，付之二三阍人，每有来者任其索取游资，岂理之宜哉。宜由衍圣公于此特设招待处，无论何人皆导之入览。不许阍人略有需索，方为正办。高君笑曰：此间地小民贫，能作事者唯衍圣公，然亦力所不逮也。余为怃然。曲阜人民类多寒苦，布衣大带犹有古风，唯女子有左衽者未知何故。树阴石上，往往男妇数十辈席地聚语，抑若甚乐。语言诘屈，不易解。至泰安则异是。咫尺之距，口吻差异。统一国语之效，未易收也。

五月三日。三钟后至泰安车站，天尚未明。站有小车可雇，由车站至西门外济泰栈约二里。是日附火车至此者只余等二人。明星数点，落月半规，远近村落微闻鸡犬。星夜旅行之景况，有生以来第一次也。曩过庭时，常闻北道跋涉状。盖吾先人中年奔走顺直桂粤间，备尝征人苦况，常据以诏吾辈。至此思亲之念油然生矣。既至旅馆，告店主人以将游泰山，嘱代雇山舆二乘，往返铜币二百枚也。是晚才假寐，六钟起。餐毕乘舆登山。山在泰安北门外，道经商务局、关帝庙、梳妆台而至一天门。自山麓至此，三里余矣，有石坊题曰"孔子登临处"。其旁为红门宫，香火繁盛，善男子善女人随地拜祷。有道士持木槌，见人拜即击磬，复击地，令拜者施香火钱，声猙猙不堪入耳，而愚民恬不为怪也。宫之后，历阶而登，小阁一楹，位置最高，亦祀佛。额曰"通明一觉"。自阁后上山达绝顶，当历石磴六千七百余级，约三千五百二十余丈。或谓四十余里，殆无实测之证书也。

自红门宫来，见道旁有柏一株，舆夫谥之曰"凤凰柏"。莫审其旨，殆因其形似凤尾欤。崖刻"小洞天""醉心""云山胜地"等字。又见古柏三株耸立道旁，下有碑题"三义柏"三字，则益不明其何指矣。泰山有东西两峰，峰足有洞深不可测。洞内乱石横积，高下骇人。而水声淙淙，如钟磬音之自远而至。崖刻"听泉"二字甚当。过此即达万仙楼，门楹瓦壁，皆敷丹朱，前有"仙骨风流"之额，后有"谢恩处"三字。是必有史事可考，余无暇访检也。行未数百武，见崖刻"初步登高"四字，又有"步至清"及"虫二"等字，皆刻巨石上。此时身据斗舆，左右顾盼。但见两峰争高，一涧中陷，苍松千万，杂植危峦峭壁间，诚令人有潇洒出尘之想。未几至斗母宫，入宫浏览，初疑为寻常梵宇耳。竹庄连呼去去，无可瞻观，乃随之出。其旁小屋数间，有茶点可饮可食，但面食数种粗劣殊甚。下山后，人言斗母宫为尼庵，老幼十余辈皆以善交际闻。有客室绝清洁，且备名厨肴酒，仓猝可办，无不佳妙。鲁大夫类以此为宴会之所。余闻之大悔。盖余等自下及顶，曾觅饮食处三四，未有一稍胜者也。登舆，更上过一大桥，远望山峦，剥蚀有致，崖刻"渐入佳境"四字。以余游境证之，殆信。经泰安县农会，有"云路"二字，书法极佳。斜坡长亘，百武一折，旁有瀑布，名"飞布洞"。山路于此忽低下，左望峭壁摩汉撑云，其作笋形高下耸立者，不知凡几。见崖刻"万笏朝天"四字，可以想见其态度矣。曩游姑苏天平山，亦见此名。而泰岱所见，则高度雄态自驾天平而上之。又一折，石路坦平，山涧深复。见"由此盘云"四字，又"天衢"二字。乃至歇马崖，舆人语余：昔清乾隆帝登山，曾歇马于此，故名。高峰双起，石路渐升，两旁柏树骈立，枝叶相接。人行其间，不见云日，披襟当风，清爽怡人。崖刻"柏洞"二字，可谓当矣。进行里许，道旁有古槐四株，故称四槐府。舆人曰：是乃唐槐。观其干巨枝茂，似可信也。经壶天阁，石磴层层递高，玉皇庙当其冲。峰回路转，树影依稀。回马岭之石坊，高立路旁，并有"勒马回看万岭云"七字。乃停舆，席地稍憩。俯视山下，平畴万顷，而黄河前横，汶水南环蜿蜒如龙，首尾衔接。其胜致非余拙笔所能道矣。由此以上，磴道如绠，宛曲纡回，俗称十二连盘，亦曰十二栈道。舆夫一步一喘，汗如雨下。纵目回顾，高峰插天，绝壑无地。未几而中天门至矣。自一天门至中天门，计程二十余里。若自山麓至此，当已二十五里，距绝顶则仅及其半耳。中天门绕过一峰，作一大折盘旋而下。入山以来，靡不层层递升，骤遇此境，初疑下行。乃不半里，势复斜上。四面风景，千变万殊，殆已入佳境矣。自初步登高至此，道途巇险，怵目惊心。继此以往，当复何似。徘徊瞻顾，别有会心。俯仰之际，转坦然也。历财神庙，复盘旋而上，至"快活三"。盖此间得坦道三里，行者称快。余谓此三字甚俗而甚隽。崖题"山明川媚""峻岭""天下名山第一"等字。古树青苍，泉石清澈。舆夫谓余曰：此名逍遥游。又见"天道迩"三字，殆寓高之意也。过蝎子桥，循峰而转，山势险峻，泉声汩汩。地名御帐坪，有石桥二三。红栏缭绕，曲折相衔。遥见瀑布自崖间下注,与乱石相激,则水花四溅,虽不甚大,颇具奇景。舆夫言:雨后至此,瀑布有大至数十丈者飞渡桥上,障碍行人。惜余无此佳遇也。桥旁方亭,题咏满目,有"飞泉"及"涤虑"等字,皆实写胜景者。此外尚有"河山元脉""霖雨苍生""飞泉挂碧"等字镌于崖间。登环翠岩,较御帐坪不知又高几许矣。崖刻"天地造化""东天一柱",注目未已,而五大夫松之坊又实现眼前。余意必有五松,审之得其三,余殆不留人间矣。而三松高下相等,势若游龙。相传秦始皇封禅时避雨其下,因赐此名。故至今称为"秦松",并刻此二字于峰上。又有巨石一,耸立路旁,俗称为飞来石,亦象形者也。崖间有"抚松盘桓""冠盖五岳""登峰造极"等字。舆夫遥指山壁一碑曰:此名万丈碑,清乾隆所刻。旋至朝阳洞,左右巨石对耸,势甚雄伟。满山苍松,森然植立。清翠之色,袭人襟袖。而涛声如吼,又疑身在大海中也。古人摩崖有"松壁绝尘""壑云深"等字,皆写景也。道旁有一松岸然自存,绝无凡卉相伍。有人题"独立大夫"四字于石。此松有知,当颔首称是。又见"举足腾云"四字,即至对松亭。玩此亭名,可以想见斯亭之景矣。更上经青玉庵宝石洞,至寻仙坊,而南天门已遥遥在望。石磴峭拔,步履益艰。不数十武,气喘不止。竹庄殊矫健,着革履橐橐上行。余则借舆夫为进退矣。盖自此以上,名十八盘道,山径盘绕,石磴之狭度仅容侧足。第十二盘道以上,两旁植方形之铁柱,贯大铁索,以便登陟者之攀援,俗称是地为镇锁盘。铁索尽处即为南天门。旁刻《南天门铭》曰:"开跌荡,何危险。仰不愧,履如夷。"又有"山险心平"等字。余至此回眸俯视,心摇摇如悬旌,乃恍然于作此铭者亦畏其危险,强作此语以自慰也。自中天门至南天门凡二十里，是山之险道，已尽历之。下舆，山人劝余等入室。数椽矮屋，俯首入内，臭气扑鼻，遂返身而走。无已，见有石台，乃饮茶于此，并购鸡卵、挂面以充饥。价甚廉，每餐铜币六枚。竹庄偕余登南天门之巅。俯首远视，慨然谓竹庄曰：此可谓黄河如带，泰安，若砺矣。盖于此远望泰安城市，直渺小如拳石耳。碧霞宫即元君下殿，俗称泰山娘娘。梁栋巍峨，建筑轮奂。而中间倾圮已甚，元君犹正襟危坐于其间，几无以蔽风雨。庭中有碑，范铜为之，高丈许，明万历年间物也。更上，为德星岩，亦称大观峰，东岳庙在其侧。庙后山壁刻碑甚多。有大唐开元十四年所刻《泰山记铭》，上冠"天下大观"四字。立而视之，字迹纵横不三寸，而取拓本视之，则每字大可五寸，高三丈余。余购拓本一份，计五纸，银币二元四角。左有方形之台，询之舆夫称为观象台。台上有砖砌成二架，似用以置器者。文庙在其后，元君后宫亦在焉。北登玉皇顶，道士三四居之，即古太清宫也。是为泰山之最高峰。门外有石碑，高约五丈，广各二尺许，上覆笠形之盖，苍色斑斓不着一字，是为没字碑。相传秦始皇封禅时所立，未遑镌字。或曰汉碑，无可考矣。旁有清乾隆题诗，别刻一石，亦甚高，有来补秦皇没字碑之句。则昔人固作秦碑论也。庭中有数石色青黝，凹凸盘郁具奇致，以朱栏绕之，即泰山之结穴，他无高于此者矣。西隅有石碑，题"古登封台"四字，不载年月及姓名。右行有屋三间为迎旭亭，游人欲观日出，即寄宿于此。木坑横陈，尘沙可掬，卧具必自携。僚友多以曾否观日出为询，愧无以对。余谓此等奇景，姚惜抱已描写尽致。苟实验之，未必如所述之妙。况沌谷闻道士言：非七月间，常十不得一。吾故不作此想也。东出为日观峰，与月观峰遥相对耸。更东为乾坤亭，旧置清乾隆御碑，亭已倾圮。其旁石碑林立，或作"巍巍荡荡"、或作"五岳独尊"，屈指不胜数。内有题"孔子小天下处"六字，则亦穿凿甚矣。

时则红日半空，白云如絮。立岱巅远望：群山万壑，阴晴互殊。而冈峦起伏，如小丘阜，田畴庐舍，远近迷茫，穷目力乃仅辨之，大观哉。流连许久，与竹庄相将下，在碧霞宫前乘舆。不二时已抵山麓，较登陟时可减二时有半。却顾所来径，苍苍翠微矣。舆制殊简陋，以绳网为椅，小板庋背。舆者上下皆横行，始嬲余入庙烧香，继劝余给丐者钱。丐者满山，隔数十武必有一人箕踞道中，阻去路。舆来，则俯首以待，舆自其头上过，丐作哀声乞钱。不与语或不逊。岱游扫兴事，殆莫此若。其他男妇，持香携纸绽络绎道上。男子无不垂辫，布衣宽博，袖宽尺余。女子高髻纤足，衣短压腰。往来觅土木偶，顶礼膜拜之。一梵宇所在，此辈麇集者辄百数十人。问之舆夫，日常如是。春秋香市，犹倍蓰焉，迷信入人之深如是。扩清扫荡，夫岂易言。抑宗教所以济法律之穷，此中岂有至道在耶。入城，游岱庙。庙之广，占泰安城三分之一。垣墙甚峻，高与城侔。庭中古树参天，望而知为数百年物。有老柏数株，相传为汉武帝所植。古槐一本，为唐代所遗。吾久闻唐槐、汉柏之名，乃今亲见之，亦快意事也。正面为峻极殿，历阶数十级，廊宽丈余，规制崇宏，内地罕觏。惜乎代远年湮，不加修葺，将有榱崩栋折之虞矣。回济泰栈，稍憩，晚餐后独赴剧场。皆女伶，殊无足观。坐片时，返寓酣卧。十一时赴津浦铁路车站，购二等票赴济南，计银二元。竹庄则径往天津。

五月四日。晨六钟后至济南。下车得纬二路万蚨楼旅馆招待，既至，腹饥甚，索鸡子挂面食之。既又思睡，乃已无余

房，即至城内西门大街商务印书分馆访沃子敬君。稍坐，即偕
至万蚨取行李，改寓纬五路燕宾旅馆十号。陈设雅洁，且有铁
床，衾枕俱备，中西肴馔亦佳，房金每日一元。晨餐毕，沃君
同游公园。花木清疏，有假山亭榭四五，可以流连，其后为商
品陈列所，楼屋五楹，与吾苏阊门外之陈列所相似，而陈列品
不甚丰富。守者言正在罗致。博山玻璃公司出品，实为精美之
新工艺，然闻公司已资尽告闭矣。吾国实业不振之原因，苟不
力事研究，前途之危，未有艾也。出园，回旅馆，午餐毕，沃
君辞去。余酣睡，迨晚始醒。晚餐后，至品商茶园观剧，较泰
安之剧场优胜多矣。

　　五月五日，晴。晨，沃君同游都督府。规模宏伟，内有玉
带河，为人工所凿，曲折如带，导山泉注之故水清澈。两岸
有朱栏，自左门入，观珍珠泉。是泉占一院之半，甃石成方
形。水珠上沸，朝夕无休止，以是有名于济南。不知泉水之涌
出地面，势固上激。其为珠点续续而起者，渺无足奇。即以是
泉言之，唯南隅如是，他处则否。于以知南隅为泉水涌激之
所。犹蒸水釜中，水沸成珠，以其动也，故甚清冽。游鱼往
来，大者可二三尺，尚不如西湖鱼乐国之多且艳也。池畔有
碑，题"珍珠泉"三巨字，并覆以亭。临池厅事数楹，联额颇
有佳者。继至优级师范校参观。午后与江君伯寅出西南门，至
吕祖祠，观所谓趵突泉者。泉为长方形，四周殿宇湫隘，居民
就泉瀚濯，致水面浑浊。不若珍珠泉之安处衙内，犹得不染俗
污。泉之中心有三株并发，高于水面数寸。是亦泉穴上涌之
点，故如是也。吕祖祠内屋形式，颇似上海之城隍庙。时值大
集，故店肆毗接，货物陈列甚富。都人士女肩摩踵接，有不远
数十里来者。惜无佳品，如妇女之首饰、儿童之玩具，吾省

人见之殊乏爱恋意。此间大集，每年一次，小集则逢二七为期。是等习惯与历法颇有关系，相沿不改，则新历永无通行之日也。出吕祖祠，乘小车至大明湖。初憩于雅园，窗明几净，杯茗清腴。山色湖光，扑吾眉宇，有汤面，价廉物美。湖中游艇二种，画舫每次约铜币四十板，无帆小舟则二十余板。江君雇一舫，放棹中流，湖面颇广，然芦苇丛生。傍湖居民，视为天然利薮，互相占据，就湖筑堤，纵横绵亘如农田之阡陌然。或栽植物，或蓄鱼虾，年可获厚利，于是有名之湖泽，成曲折之河渠。堤上芦苇高越舟顶，水面狭度，仅容画舫之往来。至狭处且须停舟堤畔，以待来舟之过，乃得进行。甚矣，人之骛私利忘公益也。舟抵历下亭。亭为八角式，内立清乾隆御碑。后为名士轩，屋五楹。内外联额至多，唯门首何绍基一联最佳。有居者不得上，继至汇泉寺，中华佛教会支部在焉。其旁为关帝庙，上为文昌阁。登阁四望，全湖在目。又至张公祠，为清山东巡抚张曜之专祠。殿宇雄壮，并有剧台。其左厅事三楹，小池一方。临池一船亭，曲廊四绕，远山近水，饶得胜景。门外为曾子固祠，小阁三楹，亦可瞭远。北极庙据省城之北门，济南旧只东南西三门。北面尼于风水之说，设水闸而不辟门。遇大旱，则闭南门而启北水闸，时雨即至云。是庙扼北门内限，高等城之雉堞，自下登殿，历石阶三十六级。进为圣父母祠，不知所祀何人。李公祠最远，为清李鸿章之专祠。山石嶙峋，台榭幽丽，尤胜于张公祠。返棹，仍茗谈于雅园，则已满街灯火矣。济南全城无河，赖大明湖灌汲。复有七十二泉，居民皆利用之。是大明湖与济南水利至有关系，可任其污浊如是耶。

五月六日，晴。午前沃君子敬偕游图书博物馆，人纳铜币三枚。入门有接待室，旁一楹为虹月轩，更三楹颜曰"提要钩玄之室"，职员居之。右为朝爽台，台后为碧云轩。内外二院，均甚宽广。玉带河曲折萦绕其中，濒河筑回廊，蒔花植木，结构尚佳。阅书室为圆形，阅书案为新月形，椅圆形。阅书室之对面，左为抄书室，右为领书处。西式楼屋数间，为藏书处。有书目，揭示于阅书室内，略审之，分经史子集四类，大抵皆旧籍。右为教育品陈列所，优级师范学校出品颇多，小学校出品则甚少。夫小学为基本教育，小学出品，足以验国民之性质程度。其地教育之状况，亦可于此觇之。今之观察教育者，往往重视高等专门而忽于小学，非正当也。入博物馆，先至博艺堂。陈列各种仪器，四壁悬图画殆遍。而出角珍珠鸡、鹦鹉等，分置数笼，亦在室间。庭中有亭蓄金钱豹、寒翠鸟等，其后并有鹿苑。博艺堂之对面为湖天一角楼，上下均置博物标本，类皆上海实学通艺馆科学仪器馆之出品。博物馆门外有长廊，廊壁砌石碑，有颜真卿书《竹山书堂诗》六方，唐开元二十三年刻李邕《秦望山法华寺碑》十一方。由廊折而入，有屋五楹，题曰"碑龛"，内列古碑数十种。有隋开皇造像残石、北齐世业寺造像、魏李辟墓志、后周颜上人经幢、宋岳武穆石刻等，均可观。旁屋五楹，题曰"碧琳琅馆"，为装潢之所。廊下复有汉画像十石，出于嘉祥蔡氏园中，已为日本某所购，罗正钧偿其资而置于此，洵保存国粹之意也。是馆为山东官立，闻建筑及购置书籍器械等，共用银五万余金云。

　　广智院俗称保古堂，在南围子门外，英教士怀恩光创办之。西式房屋，备极轮奂。正面为陈列室，左为阅报观书室，右为研究所，后为宣讲堂，最后为住宅。陈列之品，中外咸备，分类之繁、选物之精，较图书博物馆判若霄壤。而所耗经费闻达七十万金，则亦十三倍而强矣。中间有泺口黄河桥梁模型，长几二丈。桥之建筑及河底积沙状，皆可一览了然。四壁遍悬图画。列举之，若天文地理图、历史图、动植物图、各种机器图、各国名厂房屋或货样，尤以各种比较表最为动目。凡世界各国贸易大城人口铁路邮政报纸及绸缎铁煤丝之属，莫不列为一表，以色别之。余于此有无穷枨触，盖就各表中觅吾国之位置大抵最末，唯绸缎比较则列于第一耳。此种表式，窃谓各省图书馆及公共团体之会所，均可仿为之，其足以激发观者之处当不鲜也。阅报观书室一间，四面临窗，设长形之几案。案上隔少许，置一方盘，盘内有书系于板，可以翻阅，不可移取。皆为浅明之传道书。中设长案，满置各种日报。后厅陈列各国之议院、大礼拜堂、船厂及本院模型，而希腊古庙、罗马古战场、北京天坛亦有之。壁间有中国古时文字略式、埃及国古时文字略式、英美德法意等国自古至今字母式样，中国古代钱币图，国家兴亡时代疆域表。又一室遍悬世界各族人民之图像照片，复有泥塑各国人形可数百具，长约五六寸，精神奕奕，惟妙惟肖。中设长案，罩以玻璃，内列世界各国交通器械，又可百十种。上之如飞艇飞车，下之如肩舆人力车等，无不具备，而汽车汽船之属，无论矣。吾于此二室，游目四顾，几如山阴道上，应接不暇。而世界各国人民进化之程度，可比较得之。叹为观止，逡巡而去。后之游济南者，不可不一游广智院。而热心社会教育者，尤当踵而行之。吾足迹未出国门，不知欧美之所谓博物院者何若，而此广智院在我国实不多见，较之上海圆明园路之博物院优胜多多。然皆出于外人之手，此吾所为感喟累日不能自已也。

　　午后江君伯寅偕游千佛山，在南围子门外五里。上山有二路，石路甚曲折，苍松夹道，石级整齐，历"齐烟九点""云径禅关"两坊，入千佛寺。昔人游记谓山壁遍凿佛像，不下千余，故有是名。至是验之，未敢信也。梵宇腐旧，无甚佳处，唯朱衣阁下有屋数楹。远望泰岱黄河，近指大明湖，历历可辨。而泰安城市，亦得于烟树苍茫中指点视之。下山时已四钟，即至分馆告别。回燕宾旅馆携行李，附七点三十分钟通车回浦口。而车内无餐车，只有蛋炒饭，每碟银币二角，亦足果腹。余事与来车相仿，不赘记。

　　五月七日，晴。午后四钟余，至浦口车站。幼蓉、柏堂、翚圃诸先生及中希弟均在站，相见甚欢。渡江，浴于大观园。晚偕乘宁省汽车入城，至三元巷浦口商埠局，晤思缄、雪斋、伯阳诸先生久谈。晚宿于中希寓。

　　五月八日，晴。参观江苏第一电话局，是局现由中希接办。正在易机、理线、添杆，并建局屋于金陵驿。改良之艰，无异倡设，观成当在数月后也。午后一钟，附沪宁汽车回沪。是行也，历省三，历时八日，用银币八十余。非交通便利如今日者，不能若是也。

重游曲阜泰安记

共和二年春暮，尝作济泰游。迄今八载，忽有重游之举。乃于十年九月二十四日（即夏历八月二十三日）由沪乘九时三十分特别汽车行，次晨九时半抵曲阜。现在津浦铁路无论何项车，曲阜均停，故交通甚便。曲阜站长苏州沈仲钧饬役代备骡车三辆，入城，行十里，阻于泗水。水大，乘破船渡，船主为七旬白发翁。傍岸时必数人入水曳之，以水浅而河阔。故人及行李并登船，不为奇，骡车及骡一并登船，则奇矣。孔君式如（名令誉，今衍圣公代表）、孔君灵叔（名令俊，今林庙奉卫官）为言：津浦路已拨款四万元，交山东省长专充造桥筑路之用，但不足尚巨，地方无款可拨，故未兴工。噫，以千古文化之邦，万国观瞻之地，而不亟亟图治，非地方之耻，乃国耻也。津浦铁路在车站附近，新建旅馆，设备精美，此时尚未竣工。闻明春必为开幕，后游者得安息所矣。

九月二十五日十一时三刻，进西门。绕达陋巷街顺兴店，入门阒然。一老自外奔入，导观上屋三间，日租一元。余与陈君春生、廖君恩寿、鲍君庆霖、周君思穆五人，合得四榻。行装既卸，腹饥欲饭。乃以久雨之后，游客裹足，故厨中未火。仓卒步出北门，果腹于庆升园。客座为一破屋，仰见天日，墙圮而不修，积薪桌旁，土地剥蚀不平，然邑之上等食所也。三时半，访孔君式如，因病不见，即至衍圣公府，晤杜绍衡君。五时，游览颜庙，即陋巷故宅。

颜庙正门不开，有石坊题"复圣庙"三字。东为卓冠贤科坊，西为优入圣域坊。自约礼门入，院中桧柏繁盛。陋巷古井居中部，覆以亭，亭上桧树庇掩如盖。井之东有元代石，高约五六丈，其巅已堕落于地。石后有"至正乙酉稷野遗民为洙泗主人铭"等字，前有"尼防独秀太和岩"七字。后人称卓石特立，简称卓石。清乾隆间侯元龙兴修工竣，命以此名也。更自归仁门入，中有颜乐亭，石栏石柱。南为仰圣门，大殿七间，奉复圣颜子像。前廊石柱镌盘龙，后廊镌花，皆粗率。寝殿五间，祀复圣夫人。东西庑各七间，左祀颜歆、颜之推、颜真卿、杲卿，右祀颜俭、颜见远、颜师古、颜衍绍。西院为杞国公殿，亦有像。后为寝殿，祀端献夫人。

复圣殿旁有白皮松一株，俗称虎皮松，高七八丈，大三围。西院有元宝树一株，甚苍古，据说他处罕见。竹叶碑为元太祖致祭碑，庙内碑之较古者。

二十六日游览孔庙，即阙里故宅。在城中稍西偏。

万仞宫墙即曲阜县城之正南门，旧名仰圣门，亦即孔庙之正大门。故明缵宗题"万仞宫墙"四字。此门久不开，平时均由侧门出入。门外神道长约里许，古柏夹列，甚整，皆数百年物也。入城即为金声玉振坊，下有桥，水甚浅，左右为孔道。坊之北为棂星门，孔庙之第二正门也。其东为德侔天地坊，西为道冠古今坊，均不开。棂星门之内，正中为太和元气坊及至圣庙坊，稍入，即圣时门。是为孔庙之第三正门，五间三洞，如城门制。门外为璧水桥三座，桥东为快睹门，西为仰高门。由圣时门入，为甬道，颇整洁，直达弘道门。是为孔庙之第四正门，左右均有角门。更入，又为甬道，而达大中门。更入，又为甬道，而达同文门。其西南为碑院，汉魏隋唐各古碑林立其间。东首为《孔庙碑》《史晨碑》《孔彪碑》《五凤二年汉残碑》《齐太子汉残碑》《张猛龙碑》等，西首如《孔褒碑》《魏梁鸿书晋孔子碑》《礼器碑》《乙瑛碑》《隋修孔子庙碑》等，均已禁止摩拓。更入为大院，中为奎文阁七间，高三檐，旧为珍藏赐书之所。左右皆掖门，门左右有直房，历代碑亭凡十三座，排列甚整。此为大成门前之大概也。大成门五间，列戟二十四。东为金声门，西为玉振门，欲登大成殿者，均由二门入，但门外为行人孔道。向东出为毓粹门，向西出为观德门，均临通衢。大成门前有联曰："先觉先知，为万古伦常立极；至诚至圣，与两间功化同流。"大成门后面阶下，有先师手植桧。方式石栏，上覆茂草。灵叔君拨草以示，内有枯木尺许，即是。旁有碑，书"先师手植桧"五字，旁书"夏历庚子季夏关西杨光训题"数字。正中为杏坛，元党怀英书石。东西两庑祀先贤先儒各神主。由此登露台，左右石阶皆三折，各十二级。台甚宽广，四绕石栏凡二层。祀圣时，将乐器陈列其上。大成殿九间，前面石柱凡十，均雕镂盘龙，旁及后檐石柱，皆镌花，覆瓦黄色。门外有清雍正题额曰："生民未有。"联曰："德冠生民，溯地辟天开，咸尊首出；道隆群望，统金声玉振，共仰大成。"殿内正龛奉像，冕十二旒，服十二章，手执镇圭，极雍容之至。东首前二龛，奉颜子、子思神主，次三龛，奉闵子、冉子雍、端木子、仲子、卜子、有子神主。西首前二龛，奉曾子、孟子神主，次三龛奉冉子耕、宰子、冉子求、言子、颛孙子、朱子熹神主，所谓四配十二哲也。各塑像，冕九旒，服九章，手执躬圭。正中有案，原置清雍正十年所颁珐琅供器五件。又有红木案，原置清乾隆三十六年所颁周铜器十件。平时藏之公府，每逢二月八月大丁及大成节，移出陈列。近年公府为珍宝起见，每件藏以木匣。陈列时，并不取出，将祭始来，终祭即撤，不易一观矣。寝殿七间，奉圣配夫人开官氏神主。左右皆有掖门，更入，为圣迹殿五间，藏圣像大小凡六，以吴道子画为最古。圣迹图凡数十方均置壁间，已大半模糊矣。

东为崇圣祠，祀孔子五代祖先。其前为孔宅古井，井西为鲁壁故址。又前为诗礼堂，东庑为礼器库，西为启圣祠，奉启圣王叔梁纥像。后为寝殿，奉启圣夫人颜氏神主。其前为金丝堂，西庑为乐器库，后面尚有神庖、神厨、后土祠。

二十八日，游览孔林，在曲阜北门外。

出曲阜北门，即为孔林大路，过文津桥，自此起有宽阔之神道。两旁桧柏夹列，古色葱茏，望之不下里许。先至万古长春坊，石阙五楹，左右碑亭各一。继至至圣林，石坊，附近为林前村，或曰即孔里。更入为至圣林门，其式圆洞如城门，上有观楼，丹朱为粉，亦称红门。东西列垣夹甬道，相传为宋真宗辇路。入门后，向左折，至洙水桥，过桥为墓门三间。东偏为思堂三间，其道旁有丹田文驹至角等石兽，翘首对蹲于地。华表二，两翁仲，左执笏，右按剑而立。中一石鼎，内为享殿五间。殿后右首为楷亭，内立楷图碑，其前有子贡手植楷，枯干犹在。御碑亭、清高祖、圣祖驻跸亭、宋真宗驻跸亭前后相望。楷亭之左为沂国述圣公子思墓，真宗驻跸亭之左，为泗水侯伯鱼墓。左约十步，即为大成至圣文宣王墓。石碑有二，一为宋宣和元年旧物，一为明正统间所立。西南室三间，祀端木子。门外有碑，镌"子贡庐墓处"数字。林广十余里，墓垣以外，冢累累，殆孔姓族葬处也。

曲阜古迹颇多，以少昊金天氏之陵为最古。在城东北八里，高二丈余，有石室石像。陵门三间，享殿五间，围以土垣。近城则有元庙祀碧霞元君，在北门外半里，现设国民学校于内。

周公庙，相传为鲁太庙故址。棂星门不开，中石坊题"文宪王庙"四字。东门上镌"经天纬地"四字，西门上镌"制礼作乐"四字。自前院入为成德门，更入为达孝门，更入即为大殿。五间，有像主。东配则为鲁公像，西有金人像，壁间石碣甚多。

钓鱼台，一名泮宫台，又名书云台，在东北门外。附近有文献泉，是泉绕城南折而西，与洙水会，经城东南应龙桥下，欲涸未涸，唯雨季稍大。是台仅一土阜，初必近水可以钓鱼。今距文献泉应龙桥均可望而不可即，想陵谷变迁，今非昔比矣。

古泮宫，一名古泮池，在东门内。池水碧而深，宽约二三里。池中有土阜二。小者旧为水心亭，今则离离荒草，别无所有。大者本有山石林木亭榭之胜，今亦倾圮，登此必用小舟。明代为衍圣公别墅，名南池，一名南溪。清乾隆二十二年东巡，曾改为行宫，至今水清可鉴。四周垂柳成丛，倒映波上，实为是邑胜地。其北为文昌宫，设模范小学。

舞雩坛在城南沂水东南里许。出南门，先达沂水桥，长凡二十洞。水面宽约四五丈，夏秋水涨，桥面及两岸均没水中。坛为土阜，约宽六七亩，或以为雩祭祷雨之所，又以为鲁侯郊祀之坛。上有古柏三株，元宝树一株，新栽松柏数十株。有三碑，一题"圣贤乐趣"，一题"舞雩坛"，一题"凤翔千仞"。

　　九月三十日，至泰安，住城内岱庙前通天街泰来旅馆。十月一日，登泰山。先令旅馆代雇山舆，每人每日一元，饭费在内，较前次来时昂矣。馆主人言：外客不明此间情形者，往往每乘每日耗费十元，不足为奇。此间舆夫皆回教徒，平时颇团结，一人不允，则无地可觅乘舆云。余以前游匆促，未能畅遍，故仍按路程所至记之。

　　岱宗坊为登岱第一坊，经玉皇阁白鹤泉，入视之，则有关帝庙。正南为殿，山西会馆在其侧。内有青未了轩三间，高而整洁。院中有六朝松一株，四干曲出，蔽荫全院，姿势颇佳。出庙稍上即至一天门。由山下至此，号称八里，实仅五里。又稍上，为孔子登临处坊，更进为天阶石坊，又进为红门，似城门洞，有两联。其一曰："素王独步传千古，圣主遥临庆万年。"又一曰："人间灵隐无双境，天下巍看第一山。"

　　红门外西首有碧霞元君殿，俗称红门宫。东首为深壑，石砾遍布，水声潺潺，不啻天然之音乐。

　　万仙楼，红墙而洞门，上有楼。楼上有"仙骨风流"之额，内有女仙像数尊。

　　石桥乃山石被水冲成天然之桥。下则石滩一片，晶莹有光。其旁水驿亭，风景甚佳，此为第一观瀑处。自此而上，随处有小瀑。

　　斗母宫，一六十二岁之老尼名雨轩主持之。此尼六岁即出家，今与四小尼苦居于此。厨中素斋颇有名，士绅常假此宴客。大殿之前为羁云楼，仰视万山，俯视深壑，而悬瀑在前，滔滔不绝。每值烟云起时凭栏远望，不知身之何寄也。听泉山房三间，窗下观瀑尤佳，是瀑俗称龙泉。

　　斗母宫前由支路东行，越一岭，至高山流水之亭。亭为石筑成，亭之后面有大石平横如枕，上镌"听泉枕"三字，其上复镌"穷趣"二字。亭柱有联曰："晒经石上传心诀，无字碑中写太虚。"西首大石上镌"高山流水"四大字，下为明隆庆六年金学曾之《高山流水亭石壁记》。字大五寸，始终不懈，诚所罕觏。东首石梁，约长五丈，瀑自梁后越前而下注，点密如贯珠，而阔如帘，虽不甚长，已具雅趣。梁上镌"水帘"二字，记实也。又镌"枕流漱石""万颗名珠""清磬"等字。登梁上则左面石壁千仞，有水下泻，并有小洞。是名水帘洞。水帘之下为曝经峪，又名经石峪。石面镌《金刚经》字大如斗，但为水所浸蚀，石已剥落，字形渐灭，今仅数十字较清晰矣。自此回斗母宫，更上过东西桥，以其位置适正东正西故名。过此则深壑移于路左矣。回马岭，自斗母宫至此八里。自回马岭以上，风景渐佳，达柏洞而益胜。

柏洞者，以柏树两面对拥，枝叶交接，人行其下，如在洞中，日光仅得于树隙射入数线。旧友广东叶湘南君适下山，相遇欢然，合拍一影而别。

壶天阁如城门洞，内为玉皇庙。前有茶亭三间，可以休息。自此登盘道回眸四顾：万峰如屏，万木如室。正徘徊间，大雨忽至，继之以雹，约一刻钟即止。徒步而上中天门，则雷声隆隆，宛如夏日。顷刻之间，炎凉迥别，造物之玩人如是。

中天门有石坊，旁为伏虎庙。既过，忽盘旋而下，平坦如砥，约三里，俗称快活三。复上行，至云步桥，桥下为深壑，瀑布自峭壁下注壑中，成一潭，深不见底。酌泉亭在其前，上下左右皆石构成。坐此听泉，轰轰如万人鼓。四壁题字甚多，向有"御帐坪"三字，此来竟遍觅不得矣。

云步桥。红栏并列，三折而登，约百数十级。至五大夫松坊。过坊即为五松亭三间，亭前有石松三，势若虬龙，世称秦松。原为五株，其二不知何时枯灭。亭悬恭曾一联曰："山水有缘供啸嗷，岱云无意任留连。"中天门至五大夫松坊五里，五大夫松坊至南天门十五里，自南天门至玉皇顶五里。

对松亭。因对山皆植松，故名。过朝阳洞至灵官庙，自此至南天门，尚有八百七十三级，旋过升仙坊即达南天门。有联云："门辟九霄，仰步云天胜迹；阶崇万级，俯临千辈奇观。"

南天门内为关帝庙，自此本可直上玉皇顶。舆夫言：今日既宿山上，则此时可先游顶旁各地。乃行乱砾间，而至丈人峰。远望危石孤耸，如老人形，近至其下，亦嶙峋有异致。上镌"丈人峰"三大字。以余言之，即丈人峰久倾矣，胡忽于此遇之耶。

玉皇顶正殿三间，祀泰山圣母。东厢为迎旭亭，自来观日出者必宿于此。西厢为道士所居。院中顽石错立，高下大小，均不一致。是为岱巅结晶处，门外则秦始皇之没字碑在焉。是碑高约数丈，为长方形。相传秦皇当时立二碑，一方一圆。方者在此。圆者在山下岱庙中。殿侧壁间有"古登封石"四字之巨碑，及"天左一柱"等题字。

余等宿迎旭亭。中为客室，左右两小间凡四榻。羽士宋一涛招待，且有被褥，但人多则不敷矣。晚餐、晨餐各一次，每餐五味均可口。十月二日，四时即醒。五时，羽士敲窗呼起，急御所携寒衣而出，仍不胜，乃拥毡立迎旭亭外。向东望，其时天地交泰之际，仅一道白线，云雾迷茫中，四无所见，唯昂头以观。最明者为金星、水星，其次若北斗、若牛女，历历可数。稍顷红光起，亦为一线。渐放渐大，变幻多端，忽红忽黄忽赭，杂以青天斑斑，似蓝似白，绚烂成彩，荡漾如波浪。谓为云海，谁曰不宜。久之，红云之下，忽现弓弦之红形，须臾而半圆，而正圆。光芒万丈，如乱矢四射，使吾目不能正视。其升也极迅，几不一瞬，而红日已悬于天空。向之文人以涌现二字描写此状况，极当。日既升矣，光射愈烈而红色骤退。虽有云霞，仅为青天之点缀品已。迎旭亭中有"春云浴日"之题额，甚为适切。余于民国二年来此，未及宿而下，深以为憾。此来得所偿，欣慰奚如。昨羽士为言：观日出以春秋为佳，但来客往往信宿而未得观，因山中雾重瘴气甚。今日有雷雨，天气清新，明日必得观。是诸君之幸也。及黎明，余等甫起，有二老人携杖彳亍于门前。询何居，则夜半自中天门步月而来者，一年六十八，一年六十一。俱言：吾生平未观日出，若不来恐今生无复此兴。异哉，日出之重视于人也如是夫。

日既出矣，自玉皇顶步往日观峰。宿露如雨，道湿而石滑。其巅有御碑亭已圮，碑为乾隆题诗二首，尚完整。稍下有一石伸出如手，羽士谓为探海石。及就观之，石上镌二名。一为"船石岩"，明万历间谢某所题。一为"拱北石"，清嘉庆间徐某所题。意义较当。下至乾坤亭，已圮，亦有乾隆题诗之碑。

后石坞在玉皇顶之下，俯视如肩之于足，自顶往不过五里，而舆夫必斤斤言十里。上有泰山圣母庙及南华洞，亦有佳趣。

青帝宫、元君后宫、东岳庙均在山顶。岳庙殿后山壁有《唐泰山铭》，字大径寸，拓本每份白纸售六元，毛纸售四元，大约对折可得。尚有碧霞元君祠大殿，屋盖铜瓦，东西厢为铁瓦。殿前院中为香亭，一方正之屋耳。左右有明代铜碑二，高丈余。铜鼎二，各大一围。铁炉数个。宫有道士二十人，每日一人轮值之。

东献门及西献门式如城楼，正中为月台，东西为钟楼、鼓楼。

北极台。方形下有门，旧为天子祭北极处。上有铁物二个相并耸立，不知何名。下有鲁班洞甚小。

文庙尚完整，内祀孔子，为孔氏家庙之一。

由南天门西上为月观峰，其后为西天门。两石耸立如门，其旁乱石齿齿，颇具雄飞之势。

泰山之东为徂徕山，俗称东山，孔子登东山而小鲁即此。西为敖来山，俗称西山。

十月三日，登西山。出西门，循城墙下北行，过三笑处，始逐渐登高，过云门乃乱石堆砌如门耳。

普照寺四山环抱，二水交流，居泰山之西南峪，自西关至此五里。门题"普照禅林"四字，为唐宋以来之古刹，明正德间重行开山者。入门，左右有钟楼，更入为大雄宝殿，后为筛月亭。院中亦有六朝松一株，周围不下六七丈，而并不高，与青未了轩所见相伯仲。后建佛阁两重，供如来法相。方亭中耸，更因山势为阶级，转折而上，凡二十余级。大雄宝殿左右有客堂禅堂。门外万木森森，山石荦确，颇饶清幽之趣。

五贤祠。由普照寺来仅里许，无良好之路，步行于乱石间。祠祀五贤为：孙复字明复，宋人；胡瑗字翼之，宋人；石介字守道，宋人；宋惠字绎田，明人；赵国麟字仁圃，清人。原为三贤，清季增二人，遂改今名。正面享殿三间，后石壁上镌"授经台"三字。神龛有徐宗幹题联曰："其人若精金美玉，斯文如高山大川。"是祠旧为修德书院，亦称上书院，又名泰山书院。清光绪间李养田宰是邑，购书置其间。祠右有屋三间，为弟子讲学之所。内有余棨题"泰山上书院"一额，记孙明复初建是院。邻岳祠，后移置于此，故世称上书院。由后门攀藤而上，曲折至一涧旁，有石坡，水泻其上。后倚高山，由此而上，可至三元宫。正门外有石亭一，内立胡安定公投书处碑。

出五贤祠向北而西，越一岭，高高下下，无一步坦道，直至大城峡。五贤祠至此凡五里。

大城峡何以名，殆象形也。高阜绵亘，乱石错耸如城垛。其下为滩，汩汩水流，或深或浅，自黑龙潭来。屈折行滩中，有急湍、有微波，而清澈见底，直至潆河约十余里之遥。水中有赤鳞鱼，极似吾乡之川条鱼。由此右行，过馒头石、燕子石、惠我泉至香油洼，乃一小池，水甚清。俗称有人携香油过此，倾地而成洼，故名。不足一哂也。

龙王庙为求雨处。庙旁为百灵池，池上有云圭石。

西障崖、北障崖。以山路至此为崖所阻，故名。或称为西丈崖、北丈崖，恐系音误。此处有大瀑，自石梁而下为第一叠，越乱石折而下为第二叠，复折而下为第三叠，注于峡下之巨潭，声轰轰如不绝之雷、大伐之鼓。路尽处有一石亭，额题"西溪石亭"四字，上下四周，皆以石筑成，甚坚固。有联云："龙跃九霄，云腾致雨；潭深千尺，水不扬波。"坐亭前观瀑，见其旋转而下势如游龙，银花乱飞，无一刻停，实为是山胜景。游泰山者，常惜山无大瀑，以其未至西山也。西山为泰山别阜，得此足为泰山生色。西障崖峭壁上有一白影，俗称仙人影。其巅有石堆叠似棺，俗称棺材头。自西关至此凡二十五里。

在龙王庙前向东上五里至篮子崖，为中外人士避暑之所，新建房屋已数十幢。更上一里为扇子崖。

西山本为敖来山，以在泰山之西，故名，与泰山为一脉。泰安有近看敖来高远看泰山高之语。余问敖来二字如何写，除示我以敖来者外，有作傲来者、有作嗸来者、有作敖那者。全山之胜，唯水与石，稍有林木。千百年来，路政不修，可知乐山乐水之仁者智者寡也。近津浦路之泰安车站，有号令山，殆一土阜耳。上有石塔，新栽松柏甚繁，未发达。

十月四日，游览岱庙及市街等处。

庙在泰安城内，正门曰"配天"，临大街。门垣如城垣，极崇宏，但不开，出入皆由侧门。更进，为仁安门。两门之间，院庭空旷，树木葱郁，历代帝王致祭碑均立其间。清代每一帝王至少一碑，至宣统元年止，民国亦有之。峻极殿九间，露台宽大。台下院中，山石随处耸立，中间一具名扶桑石。殿中设岳帝像，殿壁彩绘岳帝出巡及回辕图。道士言，为明万历年间遗墨。

西院为道士所居，现在住持号明轩。客室桌上，置一温凉玉，清乾隆年间物。长约四尺，阔约一尺，面刻三星并海波状，抚之上中两部甚凉，下部稍温，实则末节有物包裹，故觉有别。梁间悬玻镜，内置万历间御旨一方，印色尚红艳如新。

公输子祠。在大殿之西，内设地方财政管理处及学款清厘处，其前为贫民工艺厂。旧为环咏亭，古碑嵌置廊壁，不知凡几。而李斯篆书十字碑一方，则特置院中，所谓宝斯堂之残石也。

殿前院中有圆柱形之一石，高约丈余。耸立群碑间不着一字。道士为言，此亦秦始皇没字碑之一。其一为方形，即玉皇顶所见者。唐槐一株，在配天门外西首，枝干屈曲，极有古态，年久倾欹，乃作短垣以护之。汉柏凡五株，在炳灵殿前，每株皆双干。殿西一株，明崇祯十五年晋陵泽道庄陈某曾制图赞刊石于此。更西一株，清乾隆有汉柏记异一碑。

应灵宫在西南关外，俗称铜庙。内有铜殿一间，历石级二十余而登。其门窗栏槛壁柱椽瓦，无一非铜者。

十月四日。赴济南，曾游趵突泉、大明湖、广智院等胜地，大致如八年前所见，不复述。

济南诗

大明湖

　　湖在济南城北隅，占全城之半，相传广九百十八亩。今则土人分割湖面，种芰荷菱芦之属，画舫行处，如在沟河间。十年十月七日重游至此。

　　海右多山水，明湖买棹观。四围芦苇绕，十里芰荷残。名士难为继，诗人去不还。李北海杜少陵曾觞咏于历下亭。秋波清可鉴，野鸭未知寒。

曲阜诗

自姚村入城

津浦铁路初拟曲阜站址距城仅三里，为衍圣公反对，遂设姚村。至距城十八里之遥，乘骡车入须二小时，渡泗水无桥，人车登舟而渡。

平畴十里几人家，犹是当年薄笨车。周道于今不如砥，马蹄得得起尘沙。

泗水横流不得前，人车并上渡头船。清波没腹牵骡过，如此执鞭太可怜。

投顺兴店

八年两到圣人乡，店主相迎姓氏忘。民国二年偕竹庄午餐于此。口渴呼茶炉未火，腹饥欲饭囊无粮。因久雨无客，故未备。三间茅屋半张桌，四架芦帘五客床。支木为架，编芦为席，予等五人，仅得四榻。一老应门兼百役，全店只一侍役。葛天遗性极驯良。

孔庙观礼

个人长系众人思，报德崇隆固所宜。太息金丝无节奏，悬钟十六，已少其四，铸拊田鼓设而不用，琴瑟亦不谐矣。何堪干羽竟差池。乐舞之人老少不一，亦欠整齐。衣冠异色系新制，官长及主

祭者均服洪宪称帝前所定礼服，方帽金章圆靴。笾豆纷陈悉旧仪。我
圣平民亦儒者，历朝枉受帝王知。

孔林述况

出曲阜北门即为文津桥，桥北万古长春坊为圣林第一坊，由此甬道
甚长，折而左，方达洙泗桥。

驱车出北门，先上文津桥。回头左右视，桧柏干云霄。
森森夹道旁，交柯三里遥。万古长春坊，耸立甬道腰。既过
至圣林，坊名。红墙分两条。行行复半里，神门朱碧描。门前
何所有，石狮双企翘。入门向左驰，洙水尚清潵。过桥登享
殿，楷亭接后寮。丰碑触眼帘，沂国向南朝。沂国公墓在圣墓
前。泗水侍于左，泗水侯墓在圣墓左。文宣举手招。圣墓碑镌大成
至圣文宣王墓数字。我生两谒林，千里何迢迢。世衰道微日，到
此益无聊。

古泮宫

一名古泮池，在曲阜东门内，池广约十亩，中有大小土墩二，大者
亭榭假山石等颇有结构，惜已倾圮。

徒步东城东，来寻古泮宫。半池秋水碧，两岸蓼花红。
圮阁浮波上，垂杨倒影中。一矜不足畏，到此愧无穷。

舞雩坛

在曲阜南门外三里，一土阜耳，上有三碑及老树数株，孔子游舞
雩，樊迟从而问学，想见当年圣贤乐趣。

临沂一土阜，名迹至今扬。碣古诗文缺，坛空日月长。
曾风虽久寂，孔训岂能忘。策杖林阴立，萧萧纳晚凉。

周公庙

在曲阜北门外里许，正殿有像。

姒周王业迈陶唐，史迹遗留仅庙堂。百世勋名传制作，

千秋俎豆永馨香。东山问罪伤心甚，南国歌幽韵事昌。危像
尘封犹赫奕，相看桧柏尚成行。

泰 山 诗

经石峪

镌《金刚经》于山坡，每字如斗大，因在水帘崖之下，终日为水浸蚀年久字损，仅数十字完整矣。

独立水帘侧，和南诵佛经。抚摩传怪笔，呵护托神灵。万颗明珠滴，千层远嶂屏。如何防驳落，毋使水常零。

五松亭遇宋乙涛羽士

乙涛为玉皇顶住持，客有言南天门之远而险者，羽士力言无虑。

羽士潇洒来，导往南天去。言须忍耐行，终登绝顶处。

夜宿迎旭亭

携杖扶摇上，山高我亦高。岩岩诚仰止，逐逐不辞劳。星宿如萤火，风声似怒涛。翛然世外住，好梦会仙曹。

岱顶观日出

登山达柏洞，雹飞复雨零。为观日出来，急投迎旭亭。夜半不成寐，唯恐天不晴。雄鸡一再唱，纸窗似微明。羽士呼起起，拥毯出中庭。浓露湿我履，寒风吹我襟。四顾尚迷茫，且看北斗星。二三僚友相视笑，兀立峰头作狂啸。此时万家梦正酣，唯我数人探奇妙。两目注视东方东，云耶烟耶漫天空。须臾东方展白练，旋视五色成朝虹。忽红忽黄忽赭忽青变化不可测，既而杂色渐退红更红。红云荡漾极奇诵，宛如海中波浪乘长风。方骇羲和税驾何濡滞，回眸已见半弯紫色出云中。旋升旋高至全现，其大差与车轮同。光芒万丈直如矢，不许吾目作正视。吾目所见亦已多，旦华如斯叹观止。噫吁嘻，夏日可畏冬可爱，朝日可爱尤可惊。三千大千世界虽黑暗，吾犹及见放光明。

黑龙潭观大瀑

瀑在西山北障崖下，凡三叠，第一叠约十丈，二叠约五丈，三叠约十丈，曲折下注，势如游龙，声如雷鼓。

世多龌龊人，此水独澄清。生有修短期，此水独充盈。人为观水来，水亦不送迎。滔滔自终古，长作惊人鸣。虽居人世间，与世无所争。相对感何如，令我发幽情。

青岛诗

民国十一年七月七日由济南到青岛，漫游三日，天热时促，未能尽兴。

夜游全市

青岛依山筑市，街道整洁，林木修茂，山东银行行长隋石卿君谓月夜漫游，有特别风趣，以汽车坚邀绕行一周而归。

依山成市通车道，万绿丛中绕一周。疑是嫦娥羞见客，忽前忽后忽当头。

海水浴场

场在别墅区前，沙滩上有更衣木屋无数，入浴者以欧美男女为多，华人亦有之。

碧水黄沙十里场，几家少女几家郎。亭亭木屋更衣讫，笑启门来趋海藏。

脱却罗裳着浴衣，雪肌虬舞下平堤。波深浪速娇无力，狂唤郎来扶我归。

三两儿童入海游，随波上下似浮鸥。攀援搏击从心欲，惯习遂无灭顶忧。

屠兽场

规模宏大，有屠牛室二，屠豕室一，屠羊附之，此外有洗濯室、检视室甚完备，德人建筑费达二百八十万马克云。

夏屋渠渠屠兽场，良工利器铁心肠。杀机一动生机了，肉食如予亦惨伤。

林务所

德人经营青岛，植林为要政之一，遂使海滨荒岛，不二十年而森林茂密，植物种类达千数百种云。

四面群山古不毛，而今林木拔云高。天然定可人为胜，碧眼儿郎足自豪。

探 梅 诗

梅园观梅

园在无锡太湖之滨，荣德生氏所筑。种梅甚多，初固红多绿少，今则红者尽白，绿者益淡，园丁自言不知何故。十二年二月蔡松如君偕游，时尚未盛放。

坦坦西郊路，梅园半日游。虽非香雪海，涌幽堂前有香雪海之题额。可是小罗浮。后山立石题此三字。白蕊间红萼，鸥朋招鹤俦。招鹤石横立山上。欲归情未已，一步一回头。

红梅阁观梅

吾乡东郊红梅阁，为元代古迹。清代光宣间恽次远侍郎家心安方伯等修葺茅庵，种梅三百株，略得风趣。十二年二月二十七日偕佩孚姊倩驱车往游，仅见残梅三五，怅然赋此。

故乡胜境都人造，红梅古阁知名早。每届春始梅花开，蹁跹士女东郊道。二三先哲何风流，诛茅结庐池上头。补种梅花三百本，暗香明艳足勾留。还家一日无殊客，寻梅不惜春游屐。门外大书水月宫，梅花十九无遗迹。此乃少时游息场，曾几何时花不芳。徘徊歧路增惆怅，满目修竹和枯桑。韵事方今已沉默，知己从来不易得。仙人倘复骑鹤归，不见红颜几叹息。

红梅阁补梅答二弟

红梅阁下种梅树，歌咏流传曷胜数。梅树之色不仅红，阁名红梅是何故。吾知古来俗子多，红颜到眼发摩娑。好花如好美人美，神仙到此意如何。神仙渺渺归洞府，梅花落落嗟无主。五出胭脂虽合时，风风雨雨委尘土。巍然一阁几变更，红梅红梅空负名。二月春光等闲去，几人太息几人惊。我来寻花花无睹，满腹牢骚借诗吐。仲弟为言兄莫愁，神仙不归梅可补。觅得孤根千百株，转输百里自姑苏。品题铁梗 梅树名 讶难得，古阁从今芳不孤。我与梅花情至厚，年年盼到初春候。室人同具爱梅情，可怜人比梅花瘦。予妻原字瘦梅，今改守枚，卧病已九阅月。今春曾作探梅游，扬州未厌 梅花岭及平山堂 复杭州。灵峰寺及孤山。明春载酒红梅阁，对花能否消吾忧。弟既补梅筑梅坞，转瞬岁寒须记取。一生低首拜梅花，与弟同歌此佳句。

梅花岭探梅

扬州广储门外史公祠，为史可法千秋俎豆之所，左为衣冠墓，后为梅花岭，低小不足观，梅亦不多。

浩然正气古今存，几树梅花傍墓门。料峭春寒犹有待，姑开数点伴忠魂。

以上二首民国十六年丁卯二月作。

孤山赏梅

西湖孤山梅花，近年补种已成林，在放鹤亭四望，足以怡情。

家庭亘古托芳郊，鹤子于今不返巢。终恐先生岑寂苦，补梅聊似续鸾胶。

灵峰赏梅

灵峰寺大殿旁有小园，原种梅花，渐渐冻毙。周梦坡氏补种数百株，并构补梅庵三间，题咏甚多。园有古洗钵池，水终岁不涸不溢。山巅有来鹤亭，可以望远。

古刹灵峰早著名，梅庵小筑寄闲情。池边已有残红落，水影花香一样清。

以上二首民国十八年二月作。

超山访梅遇雨

驰驱州里乐康庄，为问雨师底事忙。最是令人无雅趣，梅花今日不生香。汽车自湖滨至超山约四十里，将至而雨，冒雨登山，入报慈寺，俞镜清为言，晴时满山闻香，今日雨无此佳趣。后山有龙洞会云洞，梅尤盛，全山号称有二百万株，以雨不克去，只可留待异日矣。

不知手植阿谁家，二百万中一树花。阅尽沧桑心半死，管他是否宋年华。报慈寺门外有宋梅亭。亭之对面有梅一棵，下干仅存片皮，以石承之，石上复生干枝，花尚盛，虽不敢信为宋梅，但其古态至少亦百年以上矣。

古寺荒凉不忍过，唐碑幸在可观摩。四株被累一株活，净土能逃劫火么。报慈寺大殿去年被盗纵火，住持正法死之，后殿尚存。殿之后壁有吴道子画观音大士像，大殿阶下旧有红绿白黄四色梅，分植四隅，火死其三，仅一黄者余根复活，不知何年始得开花耳。

孤山寻梅遇雨

今梅非石梅，鹤去无消息。孤高一处士，千秋仰令德。

处士千秋名，风世实有得。莫盼鹤归来，莫问梅消息。

孤山孤不孤，梅花无今昔。近有灵峰邻，远与超山隔。

徐烈士祠观梅

大名百世留，凛凛千秋节。有如骨里红，点点苌弘血。祠内梅树成行，有名骨里红者，占多数鲜艳如血。

灵峰寺观梅

几度来游识旧形，倚栏小坐醉芳馨。百年更有何人补，山上空余来鹤亭。来鹤亭亦为周梦坡氏所构。

一冬冰雪竟伤神，三五将成委地薪。寄语补梅风雅士，种花端赖护花人。寺僧为言，今冬严寒，有数株受冻将死。

以上九首民国二十三年二月作

东游诗

民国六年四月四日赴日本，以调查小学教育补习教育及儿童玩具制作为目的。所见所闻，曾在《教育杂志》及《小说月报》发表。兹将沿途所作诗句汇录于次，聊代游记。

过朝鲜海

横海孤舟去，相期东海东。浪花云外白，日色雾中红。历历知何岛，泱泱御大风。凭栏常独立，极目渺无穷。自上海行三百三十海里，入朝鲜海，过济州岛之旁，遥望小岛无数，一时不知何名，盖皆朝鲜所属也。

上野驿所见

绣巾尺许领前围，携手登车趁夕晖。万屐齐鸣蛙鼓似，无男女皆着木屐。声声说道看花归。时适樱花节。

秋田车夜行

轻减行囊便往还，深宵苦守怕衣单。梦回顿觉春和暖，蒸汽功能足御寒。

旅行无处不平安，肢体拘牵心地宽。东倒西歪真自在，时开涩眼一相看。

凭窗对坐似多情，话到穷时汽笛鸣。急取舆图仔细检，不劳屈指计前程。

奥羽车晓行

万山夹道列车行，太息虾夷是旧氓。青绿丛中何所有，新霜余雪最分明。

松岛湾中

孤舟荡漾一湾中，群岛回环面面通。棋布星罗一百八，天然点缀只苍松。

青山碧水足盘旋，箕踞帆前放眼观。莫道东施效颦笑，好教西子结因缘。此湾有似西子湖处。

登日光至中禅寺道中

叠嶂危峦上薄云，往来车马自纷纷。山巅红日山间雪，世态炎凉如此分。

日光观华严泷

奔腾下九霄，尺练数千条。只为幽人住，空山破寂寥。

箱根福住楼观泉即在窗下

疑是潇潇雨，谁知汩汩泉。此声常入耳，可以涤心田。

夜饮万翠楼示戴蔼庐顾荫亭沈朵山

纸窗瑟瑟风怒号，涧泉如雨松如涛。小楼屈处苦箕踞，一几当筵盈尺高。酒来酒来取欢乐，倭姬执壶进浊醪。浅斟低酌不图醉，借浇块垒毋牢骚。举杯即尽抑何壮，谓谁不饮非英豪。我缘无量缓片刻，数目相瞩劝几遭。酒酣耳热面全赤，狂言谰语皆滔滔。吁嗟乎，东海为池岛为斗，苟有酒伯哺其糟。不如归去共磨砺，笑买吴钩作宝刀。

自名古屋至西京道中口占

日日驱车不计程，中京 即名古屋 甫到又西京。亦称京都。回头一看多萍迹，愧煞山灵相送迎。

西京访长尾雨山即留赠

蓬莱有神仙，神仙不可求。蓬莱有君子，君子孰与俦。君住岚山麓，我来浦江头。天涯与地角，相思不相谋。一旦登君堂，图书满双眸。是真君子居，花木复清幽。促膝话情绪，恨难十日留。展诵寿苏诗，高士诚风流。判袂顷刻间，盛意进离愁。云山万重隔，后会可期不。

西京岚山遇雨

神仙不回客庋止，蓬莱胜境都如此。汤本温泉日光湖，人皆乐山我乐水。山中多水何足奇，奇在非瀑亦非池。一涧倒垂两山隙，徜徉中流任所之。波光照面明于镜，十丈红尘将洗净。仰观万树列队迎，俯挹群鱼共游泳。二三旧雨相步趋，何劳雨师效前驱。衣衫愁湿履愁滑，闻道前村有酒沽。且休且休入茅舍，举杯痛饮不相下。山泉声小雨声清，杜鹃初开樱初谢。林峦幽秀足留连，况是江南三月天。佳处倘占一席地，与世隔绝便神仙。故人谓我有天助，岚山风景虽驰誉。烟云如墨雨如潮，确是岚山入画处。君不见、卧波百尺渡月桥，是桥在山麓。美人如织同逍遥。纤手高擎绣花伞，乘风直上尽扶摇。又不见、扁舟连连下前渚，双桨咿唔向后去。个中共济伊何人，歌坛文社称翘楚。吾侪到此乃偶然，竟为雨师阻不前。为爱青苍异凡境，畅怀尽兴待来年。

神户观布引泷俗称雄泷

长短攸分地位同，曷从水性辨雌雄。笑君具此悬河口，底事滔滔说不穷。

附　录

马迹山为吾乡胜地，近来予弟中希偕里中同志经营之，予尚未往，姑将中希避暑记附录于此。

五十日之马迹山避暑记

庄　启

（一）马迹山之认识

承亲友不弃，每以游山相约。一则我是游过亚而不山（注：即阿尔卑斯山）的，天工之外尚，有人工的点缀，与我国僧占名山不可比拟。再则我游山于文无七步之才，于资无千金之积，山实不稀罕我的一游。所以我算是与国内名山，诸多疏阔。

马迹山是武进县境内的一座山，大不过一百方里，高不过一千六百余尺。以其近，故于十年前偕翁佩孚、赵颂平、沙武曾、钱琳叔、于瑾怀、唐企林、潘佑龄诸君一来。此为我认识马迹山之始。唯其小，故无聊赖的我尚可以为他效些微劳，唯其不高，故易于登临。

居然从我来过以后，马迹山常常有人道及。都知道他是太湖的主峰，都知道他的民风敦厚，有"穷不讨饭富不满万"之谚。为江南之安乐土，为今世之桃源。山不以奇特胜，而以平淡胜。人不以争竞存，而以知足存。是今世之所少有，而为马迹山之特长。

（二）马迹山遇灾

天灾流行，那里没有。民元二十年大水，马迹山是太湖的一岛，四围的水，自然尽量攻击，而马迹山人苦了。幸有赈者，山人免得一饱。当民元十七年遇虫荒，食其果木殆尽。马迹山如何受得起两次灾。余于壬申年偕赵颂平、唐企林、方巽光、蒋尉仙、余少舫、唐浩民、史企望诸君再至，见马迹山虽两次受灾而不改其风。闻灾时有以以受赈为耻，宁长饿不出户者。而山中居然新筑一平坦之路，就此知马迹山之颇有后望。

（三）七里堤之建筑

癸酉初冬，钱君琳叔约蔡子平、何志霄、俞泽民、吴镜渊、刘尧性、赵颂平、胡勤生、姚桂生、周季平、谢钟豪、顾寿璇、贺兆锡、蒋锡昌、林俊保、谢博唐诸君及余到山，成立示范乡。琳叔固注意改良农村者。当于古竹起行，至西青嘴，俗称南龙头。行至柴泉遇陈君叔华，询其秋收如何，知沿湖田之遭湮没者三千余亩，而此田乃三年没两年者。询其何不筑堤护之，则以筑堤尚可山人自为，唯需建闸数座何来多金。乃商之子平县长，征同游者之意，均以为此实马迹山最要之举。盖东自火石岭起，西至战鼓墩止，长七里弱，所护田计七千亩以上。全山平田仅万亩也，乃集群力为借款设计。或费心力，或费唇舌，三阅月而堤成。堤之下凿一河，长亦七里。

（四）旅馆之筹建

伍君受真，亦爱马迹山，辑有导游一册，以马迹山之驾舟命车授餐适馆之缺乏为虑。诚然同人等每至山，均食宿于丁君稚圭家及区公所。在主人不胜其招待之烦，在客人不免过于打扰。筑堤案通过之后，钱君琳叔有筹建旅馆之议，众意赞同。而旅馆亦与堤工同时完成，在冠嶂三峰之西北麓，俗名小山头亦名塔山，地为妙湛庵旧址。庵有塔故名。相传地形如凤，凤头凤耳凤尾均约略可辨，亦曰凤岭。旅馆北向北湖，对雪堰桥之虎嘴。南则一带松林，杂以杨梅等树。南湖隐约可见，其景绝佳。

然而事贵实验。此初成之旅馆，究竟好到如何，缺点何在，应得老老实实的说出，并且随时补救。

甲　房间太少。到山来的客人，常常合多数来作一二日之盘桓。此旅馆闲时可以十天半月无人问津，或者一时有客满之患。

乙　整理余地。此地为丁氏公产，共计六亩，现在占用不及二亩。应即与地主立订租约，将余地尽量垦熟，分植树木果实蔬菜。

丙　征求邻居。旅馆以山石松林为邻，雅而寂。东部冠嶂三峰下空地甚多，其位置且较旅馆之地为佳。可征求爱山同志建屋，夏日避暑，余时由旅馆代为照管。或同样留客，以补旅馆之不足。

丁　凿井。地在山头，取水甚远，夏日尤感困难。每担水索洋一角，而旅馆浴资，每客亦定价一角，自不可久恃。余为雇工开挖原有之井，下挖二十余尺而泉自上下左右至，观之甚乐。唯旅馆自用之井，则尚未凿耳。

戊　缺乏余屋。程君如衡为本山农事推广所主任，以推广所无屋办事住在旅馆，即请为义务经理。见其室中，米油盐酱酒俱全如杂货店。而床上堆满被褥，令人不得不佩服其涵养功夫。

（五）我的避暑

真的世界进化了，遇着不可抵抗者则避之。夏日可畏，乃有避暑之名。此风盛行之后，我想热带上的人，到夏天必全数移居。但这"避暑"两字，现在还不过少数富贵人所占有。我呢，当然不配有此资格。我不过到所爱的马迹山，山居几天罢。还记得去冬大雪弥漫、水天一色的时候，我也曾来过。那算是消寒了。

我想避暑地方，著名的有好几处，谁肯到不高不大的马迹山来呢。包管我可以独居旅馆，占尽湖山，遂于二十三年七月十日搭早车到无锡，雇一汽油船，三个钟头到古竹浜。水浅得很，幸得一支渔船渡我上山。殊不知我未来之前，有杨君夫妇先到。既来之后，有许君全眷偕来。旅馆房间本不多，我又带了六七个冠者童子来山，省得他们在家吵闹。旅馆遂为三姓所私有。后来少数客人，尚可移挪出一间房子，来多了只得挡驾。的确暑是避得了的。早晚的清凉，没有一天没有好好的风。正午的热度，比山下要低五六度至八九度。落日之丽，星月之皎，决非城市中人所可梦见。便是马迹山不上山的人，也口口声声说山上风凉得多。

不错，风凉得多。异口同声这样说。且不单是人，大有桑场有两只狗天天光降，难道畜类也与人同意。不单是狗，大宗的苍蝇也恋着这塔山头。但是人们和它有些同处不来，于是大采办其苍蝇拍子，每人每日至少也打死三五十个。我呢，竟把打苍蝇当作体操，打到我住的小房间里，宣告肃清。但门一开，又有乘隙而入的了。于是觉得拒蝇要在总入口。旅馆各房间向外开门，是一个招来之道。最多的是大门进来的一间，饭桌上总是黑压压的一层。有时很恭敬地对于粥饭汤菜振翅先尝。我恨极了，招了两位木匠、两位瓦匠来，在大门外添一重纱门。重关严禁，又塞了两间向外开的门，居然有效。除了飞的，还有蚂蚁，常常成队。当日落月上的时候，来与我们亲近，有时也顺便咬一口半口。黄君辟尘说：用菜油饼作肥料，同时可以去蚂蚁（我也要试验一下。总之要把这类东西，弄得干干净净才是）

（六）学生们的暑期作业

现在多数人都批评学校，我亦不敢作十二分辩护。同我来的，有三个初中二年级学生，在知识方面都有一知半解。无奈淘气太重，大都不求甚解，而且个个畏难就易，厌旧喜新。说话多而少扼要，动作易而无纪律。我曾出过一个算题是："马迹山昨日得雨二寸，戽水机每匹马力每秒可戽水七八立方丈，每匹马力每小时用柴油半磅，每吨柴油价值

八十元。马迹山平田以一万亩计算此二寸雨用四十三匹马力
机戽水，应需若干时？需油费若干？"竟隔了三天，无人交
卷。我找了一个，助他计算。算完了其余两个看也不来看一
看。又有一个初中一年级生，据说英文不好。我是没有学过
英文的。那知道他学了一年英文，音也不会拼，不成句的鸡
呀、狗呀、父呀、母呀，认识了几十个。此与所用课本及教
师都有关系。其余小学校学生，学识自然差得多，而同属一
派。我叫他们记日记、写字或者作文，都不对他们的胃口。
一间房子总是纷乱的，一件东西总是东抛西丢的。常常你拿
我的笔了墨了，他污我的纸了书了的吵着，用具任意浪费。
开着纱窗，苍蝇成群的进来也视若无睹。吃些水果，皮核满
地。我想我同来几个学生，决不是特别选出的。难道中国从
今以后只有乱嘈嘈的过去么。却要补一句，他们资质都是聪
敏的。要学什么，包管学得成的。

（七）黄辟尘的十亩山庄

我是武进人，马迹山是武进的山。我夸美马迹山好像有
几分阿私所好，可是武进人毕竟空话说得多，实事求是的
少。余友泰兴黄辟尘于去年春只身来山，商之丁君稚圭愿
得地若干亩。为马迹山人，丁君许之为购及租地数亩。黄
君即偕丁君雨亭来，作林垦计划。今所购地已十余亩，复
租地四十余亩在柴泉乡之石臼坞，分植桃杏枇杷石榴。租
吴氏宗祠为事务所。初雇一泰兴农携妇居此，今则加雇工
四五人，备小车三四辆，畜猪二头。余到山之次日，辟尘亦
至，至旅馆倾谈。自是日相过从，对于马迹山兴味甚厚，希

望甚大，常言购地租地为难。盖马迹山湖水所及之田，可以种稻者不过万亩。近山平地，本有果树者，为山人的副产品所在，不愿出卖，其产有杨梅者更重视。且俗以卖产为耻。即山颠高地，每岁所获柴草亦值一元。故租地或易相商，条件亦甚简，即每岁每亩一元，过高之处较贱。辟尘来前，已为大有桑场租得新城乡山田三百亩植桑，故近处余地益少。

（八）冠嶂避暑之发起

并不是我避暑避出兴来，得陇望蜀。某晚在旅馆椅坐，赏月闲谈。许君干方道："旅馆地位，离平地不过几十尺，已有如此天气，再高处度必更佳。我意此山之秀，足与他山抗衡。而四面皆湖，民风之厚，贼盗绝迹，为他处所无，不宜坐弃。应在冠嶂一峰购地百亩，先筑登峰之路，次作饮水设备。分划区域，广植树木，征集同志，自行建屋成一避暑新村。可同意否。"余是之。次日商之辟尘，辟尘约往观，即偕干方、辟尘及程君如衡由新城登行香岭。途陡削，难着足，依一水道而上。如衡最健，辟尘及余次之，干方又次焉。由鸦鹊巅至一峰顶，地转平坦，全湖在目。不仅北古竹、南七里堤内田舍、东镛簧嘴、西西青嘴及全山一村一墅一湾一岭，无不历历可数；即苏州之东西洞庭、宜兴之铜官山、无锡之将军山、常州之电厂烟囱，均了了在望。下视冠嶂二峰三峰则讶其卑，其他诸峰无论矣。余偕如衡往寻青黄龙洞，得其一，在峰之西麓。无路可走，草上甚滑，余凡三次失足，而如衡居然举步如常。干方意甚决，即请稚圭商购地。稚圭曰："此地向无人要，不图今日遇着识者。"盖言江南风景，不可遗太湖。观太湖风景，必至马迹山冠嶂一峰也。

（九）交通之计划

马迹山的交通，自然要分"山外""山内"。山外交通，以陆路过湖为捷，同时也有水路。马迹山的责任，在过湖到山。山在武进、宜兴、无锡三县之间，当备汽油船，使极迅速的到山。兹列日常往来各埠如下。

埠　名		到山里数	帆　船			汽油船	备注
			时　间			时间	
			顺风	逆风	船价		
无锡	梅园	四〇	二时	四时	一元·二〇	一时半	在无锡、武进，均可雇汽油船直到古竹、雁门或庙渎。雇帆船甚难。由山至各处，可雇帆船。上列船价，为区公所所定。
	小箕山	三七	二时	四时	一·二〇	一时半	
	大渲口	四五	二时半	四时	一·三〇	一时半	
	火车站	七〇	四时	六时	二·〇〇	三时	
	闾港口	一〇	半时	一时	〇·八〇	十五分	
武进	雪堰桥	一五	一时半	三时	一·〇〇	四十分	
	莘村港	七	半时	一时	〇·五〇	十五分	
	雅浦港	七	半时	一时	〇·五〇	十五分	
	百渎口	一〇	半时	一时	〇·八〇	十五分	
宜兴	分水墩	一〇	半时	一时	一·〇〇	十五分	
	周铁橘	一〇	半时	一时	一·〇〇	十五分	
	沙塘港	一〇	半时	一时	一·〇〇	十五分	

山外交通，赖锡宜公路。时间可以缩短，唯渡湖之汽油船必不可少。在最近港口上船，到山至多半小时。加无锡或宜兴汽车需时一小时，武进一小时半。则三处到山，均可在两小时左右。

山内交通，作m形。其中路即古竹、水平、柴泉、嶂青、西（材）〔村〕、内闾、桃花、西青嘴，其东路即古竹、钮埼、檀溪、大墅、小墅、东钮、西钮、东泉、簧嘴、西钮、庙下、新城、水平，其西路即古竹、耿湾、踏青湾、桃花湾。

（子）东山周游

辟尘告我，江君上达将来，余未之信，因上达甚忙也。不意上达果至，至则要求于最短时间领略此山胜处，乃偕游东山。上达欲树多之处，余告以此愿易偿。旅馆之南，及北面历阶而下皆多树处。然其小者，至胜子岭下义冢则可观矣。由此上胜子岭，蹬道皆石砌，峻嶒曲折。且相传筑于元末，久失修，为全山最难行之路。登岭而望：右古竹，左檀溪，南对冠嶂三峰，左右均见太湖。顶有小武当庙，山人称庙神极灵。余偁劬往求签，签罚置龛前横帆若干尺云。

马迹山交通计划

下胜子岭，至栖云庵。庵前有一桃园，乃新辟者。庵右有卓锡泉，亦名半月池，梅花泉在其后。庵旧负盛名，今迥非昔比，皆庵僧不善主持所致。区公所将易人掌庵，复兴或有望。

由此南行至檀溪，访饮君泉，相传宋邵协隐此，故名。泉出石壁，泻入石池，味甘冽。泉后大树成荫，已伐去数株。树后倚山，风景秀美。泉前居民数十户。某日马君元放晨游至此，向徐姓索粥充饥，酬以值则力辞不受，山俗如此。由檀溪登窑荡岭，路甚平，下至蓬坑湾，路渐低。蓬坑湾甚小，无居民，上达谓此处可筑游泳池。前行至大野湾路渐宽，又前至小墅湾三橿老屋前。三橿今存其二，二株合一根高十余丈，大各数十围，为宋初许姓始祖所手植。树侧一树，不知其名，枝干曲屈有刺，鸟不栖止。伍君受真，名为鸟不歇树云。

登小墅岭，见湖面愈广。远则无锡之将军山，近则笔山矗立湖中。由此登桃坞岭，岭上有北极行宫，与胜子岭之武当庙遥相映。唯此则屏湖，彼则面山，其景殊异。下岭为东钮湾西钮湾。西钮湾有古银杏，两株合一，大数十围，乡人谓之白果树。唯结果甚少，多时不过七八粒。双干干霄，浓荫蔽日。由檀溪至此，人行林中，林隙可窥太湖，岭高则湖愈阔。林后皆山，如行画图中。但恐无此名画手，以图其真耳。登火石岭，南望东西洞庭。下为前后点山，下岭至庙下。

庙是土地庙，隐古树间。树各高十余丈，皆百年以上物。以松为最多，此外榉、柏、枫、杨、檀、栗、朴、榆等，数不可计。余苦不能识，丁君雨亭、程君如衡指而告之，仍不能记忆也。其下绿草匀铺，游者均就地坐，此处为马迹山演戏之处。低处搭台，观者随山坡上下坐立，天然露天戏园。而树荫布满，清风时至，虽火热亦凉爽。余谓上达，此处树如何，上达乃无言。庙下有浃，名庙浃，亦名大浃，即七里河之东端。现方设戽水机，机声隆隆，亦马迹山以前所未有也。上达今日必返，乃由庙下回，经新城至旅馆。谈山内交通问题，上达作东山一周，颇注意东山，当拟计划如下。

　　甲．由古竹渡起，向东北行。由钱家嘴山，经
钮埼、檀溪循原来路线到水平路，东折至西头村至
古竹渡。全部计二十里，半为平路。

　　乙．路不甚陡。其坡度可在百分之十以下，则
全路可以行车。

　　丙．路宽暂以四公尺为标准。

　　丁．路旁不应植城市式的行道树，而广植林
木，即谓之行道林亦可。

　　戊．路旁建筑及一切经营在测量路线时计划之。

　　己．所需经费逐步筹措。

（丑）西山周游

　　西山较东山为广，唯其向西所以气候不如东山，故东山杨
梅较西山为佳，而檀溪茶叶类碧罗春绝佳。

　　某晨偕丁君稚圭、程君如衡由古竹渡经西头村，循慈悲
山、堑山之麓而至耿湾，环湖而行。其下湖田，地赤木枯，盖
近湖田为漏水田，朝戽而夕渗，较有远者更易干。而湖边之
芦亦作黄色，洵大旱矣。途遇自耿湾来者七八人，云将赴古
竹，遂偕返。而秦君履平亦至，导憩于秦氏宗祠前。耿湾多
古树，祠立代用小学。门前大树两株，实有三株，中一株已
枯。而其侧新产一株，仿佛同根，相映不觉其为枯树也。余
等即坐在树荫下，乡人会谈，均苦旱。戽水者日夕不停，尚不
足所需。再不雨，则戽水者力将不胜。至古竹诸君，携有乡民
议决案，请将七里堤之戽水机借用数日以救眉急。耿湾分后

湾、姚巷、盘砦湾三段。盘砦湾，亦名伴奴湾，相传西施曾
居于此。三段共有田八百亩，乡人鉴于七里堤之益，亦欲筑
堤。堤长里许，北端在慈悲山脚，南端在胥山脚。乡民愿完全
征工，中建两闸。闸费需筹措，并拟即开工。盖戽水问题解
决，乡民已有隙做工。而时在新秋，工程较冬季为起色也。胥
山广百亩，旧亦湖中一岛。今与汤家嘴间已由姚巷而连。胥山
后即后湾。而姚巷之南，曲入一角，为盘砦湾。全山各湾唯盘
砦湾不见湖，以幽美名。耿湾极幽秀，旧居耿姓甚多，今亦绝
迹。余尝见唐六如为耿敬斋画《耿湾图》，并题以诗，相去
五百年耳。而耿家墓墩已变为秦家坟园，今子孙繁衍者为秦
姓。秦家坟园，树木茂盛。余等在秦氏宗祠，大啖西瓜。瓜为
耿湾产，甚甜。复至履平家午餐，餐后即至秦家坟园，全部数
十亩均为树荫所蔽。今日热度甚高，旅馆中至九十三度，而在
此一无所觉。履平尊翁如昌先生及本家顺楼先生先后至，两先
生年皆古稀而身体强健，可敬可重。顺楼复捧两西瓜来，谓是
我田间出品，闻先生等至特将来。先已有耿湾小学生，搬到长
凳及茶壶茶碗等，且吃且谈，竟至忘返。

稚圭先说："走罢，再到一个公园去。"乃辞如昌及顺楼
二老者，偕如衡、履平及秦君逖邦，至所谓另一公园者，则
旧时之周家园，今亦为秦姓墓园矣。地较前园似略小，而规
模更齐整。余等各据一石坐，乡民复送长凳来，谓"你们城
里人，石上坐不来的"。继至胥山，山作圆形。稚圭谓"此
地可垦"，履平谓"北面有送西瓜来的本家老者手植杨梅多
颗"。余谓"此所谓德不孤，必有邻，余地正宜速垦"。如
衡说："东南向最好，唯夹有石排，垦时应分级。则石亦有
用，且此处石受风日久有苔印，较普通黄石为美观。"山上视

耿湾口如拳，蕴蓄甚深。背负秦履峰，西望铜官诸山，形势外轩爽而内屈曲，为山中较裕之处。下脊山后，经周家园、耿家墩而登秦履峰。峰较冠嶂一二峰为低，有旧石路甚陡，登之与登胜子岭相似，其顶即伍子盟顶。东嶂青，西耿湾，南北皆湖，相传为子胥誓师处，顶北有石中分，即试剑石。辞履平、逃邦下峰至嶂青之存德堂药店，店主复出西瓜，极赞七里堤之功比施赈之功更大。我说："你们的丁区长忙得够了，骂得也够了。"女店主说："山上人不懂事。现在没有人不赞的了。没有横河，没有戽水机器，不用说没有这样的稻，恐怕籽粒无收。现在再要说不好，真是丧尽良心了。"由嶂青登昼山，山介柴泉、嶂青之间，东西行者至此日午，故名。南望太湖背负秦履诸峰，山不甚高，登临甚易。稚圭谓"可于此筑屋数楹"，诚然。下山由柴泉归。

余所谓西山周游，与本日所游，一半不同。且秦履峰甚堙，行车不易。应该从耿湾经过汤家嘴、软藤湾到雁门。雁门民稠土肥，与耿湾相伯仲。从雁门经墓湾至踏青湾，白莲池在焉。经嶂坑湾至西青嘴，访马迹石。石在湖滨，上有四穴，径各尺许，深六七寸。水涨仅见一穴，水落全出，相传为秦始皇神马所践。离此不远复有獭石、熨斗崖、虾蟆石等。虾蟆石如虾蟆蹲坐水中。熨斗崖石下覆如熨斗，内可容百人。獭石则跨水作桥形，俗称獭桥，上亦有圆穴如马迹，大小不一。诸石均须乘舟沿湖边行始可见。西青嘴由大储山蜿蜒入湖，长数里，俗呼南龙头。在马迹山登山，宜上冠嶂一峰。观水则宜至西青嘴也。

西青嘴属于桃花湾。湾前波平如镜，椒山在目。东访赤乌桥石，石如初月形，"吴赤乌二年造"字迹犹存。由此至内闾湾，环山抱湖，林泉入胜。其古迹之著者，为吴阖闾避暑宫址，已成平地。向东北行经竹坞湾至牛塘湾。湾背山面湖，东望一片秧针，间以戽水牛棚，远近绿树，佳景也。由此至西山湾之云居道院，俗称神仙庵，志称葛洪在此炼丹。其侧有葛仙井，广三尺，深倍之，大旱不枯，味甘冽。院前有洗心池，为道士高冲所凿。由洗心池东南行，入一大林场，非其他林园所及。余在避暑期中曾两至此。一次偕黄君辟尘、许君干方，一次偕陈君无咎、严君曙东、马君元放、张君明经、及丁君稚圭。至则在草地坐，院中道士闻客至，即以宜兴茶壶送茶来，或送西瓜，相待甚殷。近处男女老幼不期而集，或所雇轿夫，往亲友处索茶水。来此坐着必久，或昼卧。其树之高古者环列四周，中空一场，场生细草，林深不知其尽处。树后皆山，盛夏无日光，湖水不可见矣。惜江君上达来时，未到此一驻足，以偿其爱多树之愿耳。从西村经嶂青到柴泉，西折至祥符寺。寺在秦履峰麓，唐贞观中杭将军恽舍山建刹，名小灵山。宋祥符中改祥符禅院，宣和四年升寺。元末毁，明洪武二年重建。正统间毁，清康熙间苏子荆捐建，御书"神骏寺"额，祥符旧名遂废。洪杨之乱寺毁，民元三年，建方丈室及余屋，迥非旧观。寺之周围多大树，今亦为人迁伐泰半。然尚有山田三百余亩，平田四十余亩，苟善为主持，不难恢复。去冬钱君琳叔辈来山，偕天宁寺维宽和尚来，嘱其觅僧接管。闻今秋可至，则此寺或可再起。由此逾象山可循慈悲山至古竹之西头村。

（寅）中山圈

中路本极平坦，盖东西两麓之衔接处，现时已可通车。此路从古竹村起，南行经水平王庙。水平王为后稷庶子，佐禹治水，诲人浚道，后人祀之。宋建炎中郡守以刘龙国曾驻兵于此，并祠焉。清光绪间，马迹山野猪为患，出伤人畜，常州府谭钧培遣兵捕逐之，亦祠于此。其他塑像神主尚多，或有据，或无据。祠北有岭，曰分水岭，故亦名分水祠又名云水院。登岭甚易，向南北皆见太湖，地位甚佳。祠南为公立水平小学校。校长曹振之，为人诚谨核实，长此校十四年，备受山人爱戴。除授课外，常协助措理地方公益事。由此南行至柴泉，一名寨前，旧于此设马迹寨。后山前湖，东折至庙下，登七里堤西行至擂鼓墩。墩临湖，中一土堆，踏之作响，相传为夫差败越时擂鼓处，亦名战鼓墩。下墩至牛塘，背负蛇山，东接嶂青，登山岭至西村，返柴泉。此路应有之设备为：

　　（甲）放宽原有之水平路、柴泉路，直接七里堤。

　　（乙）道旁植树使成林，其树不必取之山外。
就山中原有而可移者，分类移植。

　　（丙）七里堤外加植垂柳万株，堤之两边植梅
二千株，堤内与七里河间可作苗圃。

三路之中以中山圈施工最易，本岁或可成功。

（十）马迹山之农事

　　仓廪实而知礼节，衣食足而知荣辱。马迹山人都很知礼节荣辱。其故由于以四五千人耕一万亩田，平均一个人占田两亩，勉勉强强，可称足实。然天灾人事的变迁，影响到仓廪衣食，便一筹莫展。或者求神许愿，实行那神道所设之教。蝗虫呀、松蠋呀，均指为天意，不加捕捉。泥于学古，不肯师今。长此以往，衣食仓廪将起恐慌。全山平田以南部为多，然

七里堤的建筑曾起许多疑点。土堤不能当湖水之冲击呀，山水不能畅泄水患更大呀，甚至于恐借款无法偿还。难为了我们的丁稚圭区长，弄得舌敝唇焦，手忙脚乱。好容易完工了，却巧今年旱年，水不侵堤。于新成之堤固可无虑，而七千亩田无处取水。戽水机是山上没有见过的，疑信参半。并且无购备之力，赖全县有防旱之筹划。丁区长分到三座机器到山。我到山避暑之日，是城里开会防灾之时。我便急急的向山人报告，且为他们道喜，当时他们亦有喜色。我请他们赶快把庙渎口到太湖的一段水道开深四尺，那里县里派在山上的堤工专员相君星伯还在山上，我请他去指导开浚，一日完工。戽水机一到，七千亩田都插起秧来。从前架在七里河里的水车，单剩了车埭了。在上流各渎水车的牛，也省力了。据说庙渎上寻常要架九部水车，每部要五六七个人戽水。七里河边，共有十九个渎，其中有四个渎可以到太湖里筑坝戽水。照此推算，省下几部车、几个人、几许钱呀。难怪山人们渐渐的说这机器是"好老"。然而中间机器坏过三次，引起不少话说。幸而在短时间过去了，结果这堤工没有防着水灾，先防防旱灾也算始料所不及。

既然受了堤、河及机器的好处，应该赶早进一步的预备，免得来年着忙。聚在一处的七千亩田，用三部机器戽水是不经济的。并且全山几十个湾，单顾这个大湾，亦不是完全的计划。我想两个办法。

　　甲　在适当的地方建造一个原动力厂，装一部三百基华的发电机，戽水时在各湾里装大小电动机。全山平田万亩，每年每亩戽水用人力及牛力，至少二元，则每年所费为两万元，已勉可维持原动厂。加入他时碾米轧油或织布，这个厂很用得着，且有余利。

乙 在庙渎设一个定水站，备六十至一百马力之戽水机。用水管或木槽将水提高引至上流，由上下注则全部得水。牛车人力车完全取消。另备戽水机船数只，各湾轮流戽水。

然而他们桃源里的人，秦汉魏晋以后的话不常听见的。富不满万的资本家，化几千几万是心痛的。甲项办法固然太迂阔，乙（顶）〔项〕办法也要等到临渴而思掘井。想到定，掘到好，已渴到最后一步了。但是热心人大可投资，这是一个善举，且是一个稳当的事业。

水旱的问题解决，方可言农。马迹山的农是旧的，所耗是费的，所放弃的利益是多的。而改革是无意的，是懒的。黄君辟尘，带了一个未成年的童农来拾牛屎。询其故，方知他们的牛屎是不拾的。所以马迹山农事的改进，竟要脚踏实地做给他们看。口说是无效的，但是成效一见，信仰心是有的。

（十一）马迹山之林艺

马迹山面积，是一百零三方里。从前人说马迹山周围百二十里，现在测之，不过六十余里。此一百零三方里是平方，若计算山坡，自然不止此数。我们就照此方里计算，应合五万五千五百二十余亩，除了一万亩平田，尚余四万五千余亩，现有的果木，占不到二千亩，实空着四万余亩之地。无论高低平陡，都长着松栗等树，或青草。近来黄辟尘辈，所垦的大都是较高平地，其实一直到山顶上均可种植。至于何者为宜，梅、桃、李、杏、柿、嘉庆子、枇杷、石榴等果树，都山上固有之出品。或最近有人试种桑、茶、烟叶、花生等，经程君如衡试种，得有成绩者，认为极合者，梧桐、杨柳、枫、榉、乌臼、梓、枏、黄金树、油桐杉等木材，亦山常见之树，可以制苗分植。杨梅皆属天产，余问何不自栽，群以为不可。其实此种长青树栽成盆景，亦甚可爱。花类则有紫藤、杜鹃，而古竹嶂青之牡丹，皆数百年旧本，盛开时洵大观也。

若为玩赏名花，则无论何树均可栽植。若为植果造林，则宜乎有相当之计划。兹介绍程君如衡之预算于下。

租地千亩，专植枇杷、梅子、苹果三类，其预算计划草拟如下。

第一年　支出

1. 垦费　　（每亩六元）　　　　　　　　　　计六，〇〇〇
2. 种苗费　（支配如下）

品　名	占地（亩）	每亩株数	每株苗价（元）	苗价总数（元）
枇杷	四〇〇	四〇	〇·五	八，〇〇〇
梅子	四〇〇	三〇	〇·二	二，四〇〇
苹果	二〇〇	二〇	〇·五	二，〇〇〇
合　计				一二，四〇〇

3. 种苗运费（照种苗价加一成）　　　　　　一，二四〇
4. 十间房屋建筑费（每间一百元）　　　　　一，〇〇〇
5. 农具及什物器具　　　　　　　　　　　　五〇〇
6. 租金（每亩二元）　　　　　　　　　　　二，〇〇〇
7. 肥料（每亩二元）　　　　　　　　　　　二，〇〇〇
8. 工资（工人八十名每月每名支十元）　　　九，六〇〇
9. 管理及技术人员（三人每月共支八十元）　九六〇

10. 其他（副产物种子在内）　　　　　　　　八〇〇

总计　　　　　　　　　　　　　　　三六，五〇〇

第二年　支出

1. 租金　　　　　　　　　　　　　　二，〇〇〇

2. 肥料　　　　　　　　　　　　　　二，〇〇〇

3. 工资　　　　　　　　　　　　　　九，六〇〇

4. 管理人员薪金　　　　　　　　　　　九六〇

5. 副产物种子（每亩五角）　　　　　　五〇〇

6. 其他　　　　　　　　　　　　　　　二〇〇

总计　　　　　　　　　　　　　　一五，二六〇

第三，第四，第五三年支出，均依照上列标准

收　入

第一年副产物（每亩四元）　　　　　四，〇〇〇

第二年副产物　　　　　　　　　　　四，〇〇〇

第三年副产物（以后因果树渐长，副产物即渐次减收）

　　　　　　　　　　　　　　　　三，五〇〇

每四年副产物　　　　　　　　　　　三，〇〇〇

第五年副产物　　　　　　　　　　　二，〇〇〇

第六年（果实开始收入，详计如下）

品　名	总株数	每株产量（斤）	总产量（担）	每担值（元）	产值总计（元）
枇杷	一六，〇〇〇	八	一，二八〇	一五·〇〇	一九，二〇〇
梅子	一二，〇〇〇	八	九六〇	八·〇〇	七，六八〇
苹果	四，〇〇〇	五	二〇〇	二〇·〇〇	四，〇〇〇
总计					三〇，八八〇

　　第七年起每年果树收入依照第六年收入加一成、二成……为准。兹将其收入详列如下：

第七年　　三〇，八八〇加三，〇八八　　三三，九六八

第八年　　三〇，八八〇加六，一七六　　三七，〇五六

第九年　　三〇，八八〇加九，二六四　　四〇，一四四

第十年　　三〇，八八〇加一二，三五二　　四三，二三二

第十一年　三〇，八八〇加一五，四四〇　　四六，三二〇

第十二年　三〇，八八〇加一八，五二八　　四九，四〇八

在第十二年上，果树已至盛产时期。自二十年后渐次衰败。兹不赘述。

自第一年至第六年，支出浩大，收入颇少，因此债务日积。（以年利一分计算）兹将收支损益预算列如下。

年份　　支（元）　　收（元）　　损（元）　益（元）

第一年　三六，五〇〇　四，〇〇〇　三二，五〇〇

第二年支出　一五，二六〇

第一年债息　一，二五〇

　合计　一八，五一〇　四，〇〇〇　一四，五一〇

第三年支出　一五，二六〇

第一年债息　三，二五〇

第二年债息　一，四五一

　合计　一九，九六一　三，五〇〇　一六，四六一

第四年支出　一五，二六〇

第一年债息　三，二五〇

第二年债息　一，四五一

第三年债息　一，六四六

　合计　二一，〇六七．一〇　三，〇〇〇　一八，六〇七．一〇

第五年支出　一五，二六〇

第一年债息　三，二五〇

第二年债息　一，四五一

第三年债息　一，六四六.一〇

第四年债息　一，八六〇.七一

　合计　二三，四六七.八一　二，〇〇〇　二一，四六七.八一

第六年支出　一五，二六〇

第一年债息　三，二五〇

第二年债息　一，四五一

第三年债息　一，六四六.一〇

第四年债息　一，八六〇.七一

第五年债息　二，一四六.七八

　合计　二五，六一四.六　三〇，八八〇　五，二六五.四〇

第六年上，果实收入三〇八八〇。除支出二五，六一四元.六，尚余五，二六五元.四，可开始还债。历年亏损债息共计一〇三，五四五元.九一，除还五，二六五元.四，总欠尚有九八二八〇元.五一。以后果实渐增收入，则债务亦可渐次偿还。兹将第七年起至第十二年之收入偿债损益预算，详列如下。并可见在十二年度终了后，于完全还清债务外可得纯益二三，二一一元.〇三云。

年份　支出（元）　收入（元）　收支相较益数（元）仍亏债务（元）

第七年支出　一五，二六〇

总债息　九，八二八.〇五一

　合计　二五，〇八八.〇五一　三三，九六八　八，八七九.四九〇　八九，四〇一.〇二〇

第八年支出　一五，二六〇

总债息　八，九四〇.一〇〇

合计　　二四，二〇〇.一〇〇　　三七，〇五六
一二，八五五.九〇〇　七六，五四五.一〇〇

第九年支出　一五，二六〇

总债息　七，六五四.五一

　　合计　　二二，九一四.五一　　四〇，一四四
一七，二二九.四九　五九，二一五.六一

第十年支出　一五，二六〇

总债息　五，九三一.六

　　合计　二一，一九一.六　四三，二三二　二二，〇四
〇.四　三七，二七五.二一

第十一年支出　一五，二六〇

总债息　三，七二七.五二一

　　合计　　一八，九八七.五二一　　四六，三二〇
二七，三三二.五　九，九四二.七

第十二年支出　一五，二六〇

余债　九九四，二七〇

　　合计　　一六，二五四.二七　　四九，四〇八
三三，一五三.七三

（十二）马迹山之工商

马迹山也谈得到工商么。杂货店找不出五家，猪是要隔几天杀
一只的。其实不然，有生产便有工商，事在人为也。兹略举之。

　　甲　仓库。马迹山每年产的米麦，富的藏之于
家，穷的要等着钱用，收着便卖。到需要时再以倍

几倍的价钱买进，而且卖出买进，必须加船钱和到雪堰桥无锡杂用，实到手的不过十分之五六。为这个问题，应该设一个仓库，救济不少。

乙　水果行。马迹山不是产杨梅么。一到杨梅时节，老少男女，一篓也有，一石也有，日里爬上树一颗颗摘下，夜里趁着船，过湖求售。船钱提一成，喝杯茶、吃碗面、买些零碎，回来或竟妙手空空。冬天的芋头，也复如是。不过雪堰桥换了浒墅关了，万一马迹山果类日繁，山人为了卖水果，必至疲于奔命。既然马迹山可以开茧行，为什么不可以开水果行，以及其他本山出品销运机关。

丙　消费合作。现在拿了五元钞票到山，便是一种不动产。同时要换一元的角子或铜元，也是无法可想，至于盐呀酒呀，酱油呀、豆饼呀，无一不要坐了船出去取来。究竟有几千人的消费，应该设法合作。

丁　罐头食物厂。马迹山忙着几亩田、几担柴，仅有少数人作捕鱼生活。然湖中自有渔船，大者成楼，挂帆五六道，御风而行，终年不登陆。他捕起鱼来，另行有小船，一船一船的载出。若在山设厂制罐，鱼虾会送上门来的。猪呀、鸡呀听凭畜养，尚有田里树上的鲜货，随种随用，取之不竭。

（十三）马迹山之教育

马迹山旧文化甚高，私塾甚多。因为太不合现代教育，渐渐的淘汰，剩了几个半通不通的先生，力不能耕，食难求饱，行吟泽畔，自叹失时。而山中仅完全小学一，初小四，不足育才。我去年到湖南去，见岳麓之湖南大学，与城市完全隔绝，学生耐苦勤学，耗费极少。为培植人才计，设校要求清净地方，马迹山实一相宜地点。若注意农林，则更易回旋，成绩必好。

（十四）马迹山之医药

穷乡僻壤，不当死而死的人不少。数日内山中病死者，时有所闻。不过夏日受暑，其急治法，为挑痧。人死，丧礼甚俭，第二日成殓。棺须购自雪堰桥，至贵不过三十余元。第三日安葬。寻常看风水、选吉日甚诚，独葬不择日，不另期吊，亦美俗也。马迹山的医药，可谓完全缺乏。生病唯求鬼祐，叫神、求签、摆饭，习以为常。山居本不易病，而他们住屋都在山下，大户一幢一幢相接。天井宽仅几尺，小户房屋更浅，牛圈猪圈，同在一室。暑日一扇门，一张长凳，露天长卧直至天明，如何不生病呢。故居处既有改良之必要，医药之设备尤不可缓。而山地高爽，设一疗养院，更属相宜。

（十五）大雨送归舟

暑去秋来，避暑的应该终止其避了，我也作此想。忽然家书到山，报告姊倩方巽光病故，遂急急下山。一向不下雨的天，数日也时时降些雨来，农民自然感激上苍。三十日晨有蒙蒙微雨，殊不以为意，未知湖边雨点像珠子般的打来。而湖水浅涸，大船不能靠岸，仍以小舟渡出如来时一样。可是未到小舟，而满身淋漓尽致，再经小舟毫无遮盖，登大船时周身透湿。乃在舟中全部更换衣履，更换赋就，而雨止云收。历二时至无锡大渲口，雇车至车站，于下午一时半到家。